한국경제 성장은 어디로 흘러가고 있는가?

양종기 저

한국은 지금 과거에 경험하지 못한, 다른 차원의 위기에 직면해 있다. 과거와 달리 서서히 다가오는 구조적 위기라 위험을 인식하지 못하고 있다. 위기의 진앙지가 그동안 한국의 성장을 이끌어 온 주요 산업이라는 점이 충격적이다.

- 본문 중 -

도서출판 원

들어가는 말

한국경제 성장은 어디로 흘러가고 있는가? 한국경제 성장은 절대다수 국민들이 다 함께 잘 살 수 있는 방향으로 전국 방방 곳곳으로 전파되어 흘러가고 있는가.

한국경제는 1945년 해방된 이후 지난 70년 동안 성장 제일주의에만 졸 곧 매달린 채 정신없이 달려 왔다. 지난 긴 세월 동안 성장 만능주의로 달려 온 경제성장은 이승만 독재정부가 15년, 박정희-전두환-노태우의 군부가 32년, 김영삼-김대중-노무현-이명박-박근혜의 민간정부가 27년을 이끌고 왔다.

한국 경제는 지난 70여 년 동안 비교적 높은 성장세를 계속 유지해 왔지만 소득 분배와 삶의 질 및 균형 발전에 대해서는 철저히 외면하였다. 정치권력과 경제 권력을 쥔 집단과 세력들은 먼저 성장부터 챙겨야 한다고 성장만능주의를 부추겼다. 그러나 장기간 높은 성장세를 유지해 왔지만 성장의 결과는 소득 계층 간의 빈부 격차가 벌어지고 지역과 지방 그리고 계층 간 소득 격차가 심화되는 과정을 걸어 왔다.

2000년대 들어서 뒤늦게나마 소득과 부의 분배 및 삶의 질, 생활환경 등에 깊은 관심을 갖게 되었다. 한국 경제는 지금도 높은 성장만을 고집하는 전문가들과 지배층이 있다. 현재 우리 경제는 모든 분야에서 이중구조와 양극화, 최첨단 분야와 후진적인 낙후된 분야 등 대조적인 양면성을 띠고 있다.

한국경제는 많은 문제들을 여러 분야에 양산한 체 고착된 왜곡 구조는 경제성장의 발목을 잡는 걸림돌로 등장했다. 극심하게 찌그러진 왜곡된 경제구조는 지속적 안정적 성장과 균형 분배의 구조적인 내재적 정상 작동 및 기술 혁신, 창조적인 개발능력 등을 가로막고 있다.

한국경제가 지속적 안정적 경제성장을 유지하기 위해서는 구조 개혁, 사회 개혁, 혁신과 창조, 창조적 발상의 획기적 전환, 시장경제의 정상화를 실천하는 것이 필수과제로 등장했다. 혁신과 개혁은 정치적 실천, 제도적 장치가 중요하다.

한국은 일본, 중국, 미국, 러시아, 유럽 등의 열강에 둘러있는 소국 개방경제 나라이다. 한국은 세계 경제 대국들과 치열하게 경쟁하며 살아가야 하는 절박한 상황에 처해 있다. 한국경제는 미국, 독일, 일본, 스위스, 영국, 덴마크, 북유럽 등 주요 선진국과 더욱 더 간격이 벌어지는 사태에서 벗어나지 못하고 있다.

본서는 한국경제 상황을 살펴보고 있다. 지속적인 적정 성장세를 안정적으로 유지하기 위해 국내총생산, 경기, 수출, 소비, 투자, 고용, 금리, 환율, 물가 등 거시경제변수들의 인과관계와 경제성장에 초점을 맞추어 살펴보고 있다.

필자가 평소에 기사를 보고 느끼며 써 놓은 글을 모아 책으로 엮고 있다. 부족하고 잘 못된 부분이 있을 것이다. 독자들께 양해를 구하면서 기회 있을 때 수정할 것이다.

2018년
고양 풍동 사저에서

차례

01

한국의 정치 경제 여건

한국은 남북이 첨예하게 대립하고 있는 분단국가이다. 정치적으로 이념적으로 날카롭게 대립하고 있는 남북한의 한반도는 지정학적으로 중국, 일본, 러시아, 미국 등 4대 강국에 둘러 싸여 있다.

한국의 분단은 정치적인 불행이면서도 치열한 군사적인 대치로 인해 해방 후 지금까지 파행적인 경제구조를 낳았다. 한국의 경제와 기업은 남북분단의 군사대치 속에서 과도한 국방비 부담과 소모적인 이념 싸움을 극복해야 하는 여건 속에서 활동하고 있다.

남북문제는 한국경제에 70년 세월 동안 끊임없이 영향을 미치고 있고 미쳐왔다. 한국을 둘러 싼 미국, 중국, 일본, 러시아, 유럽연합 5대 강국은 경제적으로도 막강한 영향을 미치고 있는 경쟁 국가들이며 한국의 국가운명을 좌우하는 영향력이 센 세력국가들이다. 남북문제의 해법과 한국경제는 한시도 유엔 안전보장 이사회의 상임이사국인 5개 국가의 영향력을 떠나 살 수 없는 처지에 있다.

유엔 안전보장 이사회 5개 상임이사국

국가	수도	거주자 수	면적	인구밀도
중국	베이징	1.358.100.000명	9.596.961km²	139명/km²
러시아	모스크바	143.200.000명	17.098.242km²	8명/km²
미국	워싱턴	313.900.000명	9.826.675km²	32명/km²
영국	런던	63,181,775명	243,820km²	259명/km²
프랑스	파리	66.317.994명	632.834km²	103명/km²

남북한 경제규모의 격차는 매우 크다. 국내총생산(GDP)에서 남한은 370,130.50 십억 원(2015년, 경상가격)과 북한 30,839 십억 원(2013년, 실질 / 2014년 Bank of Korea)이다.

우리의 처지를 국제적인 시각에서 살펴보면 한국의 면적, 인구, 인구밀도 등에서 비슷한 독일, 일본, 오스트리아와 비교할 때, 많은 시사점을 던진다. 한국은 이들 세 나라들에 비해 적지 않은 인구를 갖고 있지만 특정 지역에 매우 높은 인구밀도와 함께 서울 수도권, 영남권 등 소수 지역에 밀집된 인구 집중화 현상을 보이고 있다. 한국은 크게 부족한 인프라 구축, 소수 도시 집중화 등으로 생활환경과 경제력, 삶의 질에서도 구미 선진국에 크게 뒤 떨어져 있다.

	오스트리아	독일	한국	일본
총면적	83,879 km2	357.375km²	100,210 km2	377,944 km2
총인구	8,662,588명	81,197,537명	51,529,338명	126,919,659명
인구밀도	101명 / km2	228명 / km2	505명 / km2	337명 / km2

02

한국 경제 성장의 어제와 오늘 그리고 미래

한국은 김영삼 문민정부 당시인 1996년 소위 선진국 클럽으로 불리는 경제협력개발기구(OECD)에 가입했다. 그해 한국의 1인당 국민총소득(GNI)은 겨우 1만3천 달러에 불과했다[세종=연합뉴스 정책팀, 2016.5.29.].

기존 회원국인 덴마크(3만4천700만 달러), 룩셈부르크(4만6천300달러), 노르웨이(3만6천100달러), 스웨덴(3만500달러) 등 북유럽 국가는 물론 이웃나라인 일본(3만8천100달러), 미국(2만9천800만 달러) 등과 비교하면 3분의 1 안팎 수준이었다.

그래도 희망은 있었다. 연간 경제성장률 7~8%는 당연하게 생각하던 시절이었다. 그 만큼 한국의 성장 동력이 강했던 엔진의 추진력을 믿고 있었고 주변 선진국들의 성장세가 약했기 때문이다.

이웃 일본은 잃어버린 10년이 진행 중이었고 선진국은 활력을 잃어가고 있었던 반면 한국경제는 브레이크 없는 질주를 이어나가고 있었던 배경이 자리 잡고 있었다.

열심히 일하면 이들 국가처럼 1인당 국민소득 3만 달러를 곧 달성할 것으로 예상했다. 그러나 20년이 지난 지금 우리 경제는 여전히 벽을 돌파하지 못하고 있다. 무엇이 문제일까.

과거 한국의 경제성장률을 보면 1980년대 중반 두 자릿수에 올라선 뒤 1990년대 중반까지 꾸준히 이를 유지했다. OECD에 가입한 1996년에도 우리 경제의 성장률은 7.6%로 OECD 회원국 평균(2.9%)의 2.6배에 달했다.

1990년대 후반 불어 닥친 국제통화기금(IMF) 외환위기로 1998년 역성장(-5.5%)했지만 이듬해 11.3%, 2000년 8.9% 등으로 다시 회복하는 저력을 보였다.

그러나 이때가 마지막이었다. 당시 경제구조개혁이 미완성이었지만 경제 전반이 정상화를 맞는 계기가 되었고 새롭게 출발하는 기반을 마련한 것처럼 보였다. 그러나 이러한 경제개선은 헛다리를 짚은 개혁이었고 중장기 효과는 사라졌다.

한국경제는 2001년 4.5%로 전년 대비 반 토막 났고 2002년 7.4%로 반짝 회복했지만 이후 단 한번도 7%대를 기록하지 못하는 저성장궤도

를 걸었다. 2010년대 들어서는 아예 4% 밑으로 떨어졌고 2%대 성장률도 심심찮게 기록하고 있다. 지난 2015년 2.6%에 그쳤던 우리 경제는 2016년과 2017년도 3%대 성장이 유력하다.

10년간의 성장률 평균을 계산해보면 우리 경제의 성장 폭 둔화가 눈에 띄게 드러난다. 1990년대(1990~1999년) 우리 경제의 연간 성장률 평균은 7.13%였다. 이어 2000년대(2000~2009년) 4.67%로 둔화한 데 이어 2010년대(2010~2015년)에는 3.55%까지 떨어졌다.

선진국의 성장과정을 보면 국가 경제규모가 커질수록 성장률이 하락하는 것은 일반적인 현상으로 나타나고 있다. 그러나 한국이 안고 가장 큰 문제는 잠재성장률 자체가 빠르게 둔화하면서 성장 동력 자체를 잃어버린 듯한 모습을 보이고 있다는 사실이다. 선진국 문턱에 들어서 보지도 못한 채 조기에 늙어버린 경제가 된 것이다.

잠재성장률은 물가상승률이 적정하다는 전제 아래 한 국가가 쓸 수 있는 자원을 활용해 달성할 수 있는 최대 수준의 성장률이다. 잠재성장률이 연간 4%일 경우 생산성을 두 배로 올리는 데 20년이 걸리지만 3%로 떨어지면 70년이 걸린다는 분석이 있을 정도로 한 나라의 경제에 엄청난 차이를 만들어낸다.

한국은행은 2015~2018년 한국의 연평균 잠재성장률을 3.0~3.2%로 추산했다. 하지만 생산성 저하 추세가 개선되지 않을 경우 잠재성장률이 2016~2020년 연평균 2.5% 수준에 머물고, 2020년대에는 1%대까지 낮아질 것으로 분석한다[LG경제연구원/ 세종=연합뉴스, 정책팀, 2016.5.29.].

2026~2030년의 잠재성장률은 현재까지의 인구변화 추세로 미뤄 볼 때, 1.8%까지 떨어질 것으로 전망한다[국책연구기관인 한국개발연구원 KDI]. 잠재성장률이 2% 후반대의 예측을 토대로 보면 한국경제는 앞으로 3%대 이상 성장은 물 건너 간 것으로 평가할 수 있다. 잠재성장률 하락은 인구 고령화와 기업 투자 부진, 서비스업의 생산성 정체 등 구조적 요인에 따른 것이다.

잠재성장률 하락의 근본 원인은 생산성 때문이다. 세계 경제의 흐름이 탄탄한 제조업(국제경쟁력과 기술 혁신에 강한 제조업)과 함께 동반 서비스업 중심의 구조변화로 흘러가는 나라일수록 생산성 상승 속도를 끌어 올릴 수 있다.

특히 수출 의존도가 높은 한국 등 아시아 국가는 잠재성장률 충격이 더 클 수밖에 없다. 게다가 한국은 저출산 · 고령화로 2017년부터는 생산가능인구도 줄어들기 때문에 이에 따른 영향이 빠르게 나타날 것으로 보인다.

03

한국의 장기 성장 추세

우리나라의 경제 성장률이 경제협력개발기구(OECD) 회원국 중 10위권 밖으로 밀려났다. **OECD 가입 이후 회원국 평균 성장률의 2~3배에 달하며 활력을 과시했지만 이제는 평균 수준의 성장에 그치고 있다**[경제협력개발기구 OECD / 세종=연합뉴스, 정책팀, 2016.5.29.].

우리 경제의 성장률은 2015년 2.6%로 OECD 회원국 중 12위에 그쳤다. 우리나라 성장률이 10위권 밖으로 밀려난 것은 2006년 이후 9년 만이다. OECD 회원국 중 우리나라의 성장률 순위는 2006년 11위에서 2007년 8위, 2008년 6위에 이어 글로벌 금융위기의 영향권이던 2009년과 2010년에는 상대적으로 선방하면서 4위, 2위까지 치솟았다.

그러나 2011년 7위, 2012년 8위로 떨어진 뒤 2013년 6위, 2014년 5위로 횡보하다가 지난해에는 다시 10위권 밖으로 밀려났다. 문제는 단순히 순위만 하락한 것이 아니라 성장률의 절대 수준 자체가 낮아지고 있다는 점이다.

2006년 우리 경제의 성장률은 5.2%로 OECD 회원국 평균(3.1%)에 비해 2.1%포인트(P) 높았다. 우리나라와 OECD 회원국 평균 성장률과의 갭은 2007년 2.8%P, 2008년 2.5%P, 2009년 4.2%P, 2010년 3.5%P 등으로 2000년대 후반까지는 꾸준히 2~4%P 차를 보였다. 그러나 2010년대 들어 상황이 급변했다. 2011년 1.8%P, 2012년 1.0%P, 2013년 1.7%P, 2014년 1.4%P 등으로 1%P대에 그치더니 지난해 0.5%P까지 축소됐다.

2015년 우리나라와 OECD 회원국 평균과의 성장률 갭은 IMF 구제금융 직후로 우리나라가 마이너스 성장(-5.5%)을 했던 1998년을 제외하면 OECD 가입 이후 가장 작은 수준이다.

한국은 체코(4.2%), 헝가리(2.9%), 폴란드(3.6%), 슬로바키아(3.6%) 등 GDP 규모나 1인당 국민총소득(GNI)이 떨어지는 동유럽 국가는 물론, 아이슬란드(4.0%), 아일랜드(4.0%), 룩셈부르크(4.8%), 스페인(3.2%) 등 1인당 국민소득 수준이 우리나라보다 높거나 경제규모가 큰 국가보다도 성장 폭이 작았다(2014년). 2016년 한국의 경제 성장률이 지난해와 동일한 2.6%, 내년에도 2.7%에 그칠 것으로 전망돼 OECD 회원국 평균과의 갭은 더 줄어들 여지가 있다[한국개발연구원 KDI 세종=연합뉴스, 정책팀, 2016.5.29.].

04

한국경제 – 구조적 저성장의 현실화

한국 경제는 2%대의 구조적 저성장이 현실화하고 있다. **글로벌 경기 둔화 지속과 저유가로 2016년 수출이 최대 6% 감소해 2년 연속 역성장 할 것으로 보이는 데다 수출 및 내수 동반 불황에 따라 설비투자도 큰 폭의 둔화가 예상되고 있기 때문이다.** 최근 일부 경제 지표의 호전에도 불구하고 국내외 기관들도 일제히 2% 중반의 올해 한국 경제 성장률 전망치를 내놓고 있다.

먼저 국내 경기의 방향타 역할을 하는 수출 경기 침체가 장기화할 가능성이 매우 높다. 2015년 1분기부터 2016년 1분기까지 5분기 연속 감소세를 보이고 있는 수출은 2016년 하반기에 소폭 개선 가능성은 있으나 연간으로는 지난해 8.0% 감소에 이어 2년 연속 마이너스 성장을 할 것으로 예측됐다.

올해 수출 전망이 어두운 이유는 선진국과 신흥국, 산유국 모두 경기 부진이 계속 심화되고 글로벌 교역량이 감소하고 있는 데다 저유가 지속에 따른 수출 단가 하락이 해소되지 않고 있기 때문이다.

또한 대내외 수요 부진, 경기 불확실성 증가 등으로 기업의 투자 심리 위축이 지속되면서 올해 설비투자 증가율은 지난해(5.3%)보다 둔화된 2.9%에 그칠 것으로 전망됐다[문화일보, 김충남 · 박정경 기자, 2016.4.19.].

다음은 장기 저성장의 구조화이다. 지난 1990년 9% 이상이던 한국의 잠재성장률이 2016년 3%대로 떨어졌다. 이와 같이 **잠재성장률이 대폭 추락한 것은 제조업-서비스업, 대-중소기업 간 생산성 격차에 기인한다. 2014년 기준 서비스업 생산성은 제조업의 45%, 중소기업 생산성은 대기업의 30.5%에 불과하다.** 결론적으로 잠재성장률이 지속적으로 하락하는 추세적인 요인은 제조업-서비스업, 대-중소기업 간 생산성 격차에 있다[경제협력개발기구(OECD); 2016년 한국경제보고서]. 해법은 다음과 같다.

첫 번째, 규제개혁 가속화다. 한국의 상품시장 · 서비스분야 규제, 국제무역 · 투자 장벽은 OECD 내에서도 높아 효율적 자원배분은 물론 생산성 향상을 저해하고 있다. 실제 한국의 상품시장 시장규제(PMR)지수는 2013년 기준 OECD 4위다. 서비스분야 규제는 제조업의 4배 수준이다.

따라서 의원발의 법안에 대한 규제영향평가 의무화, 사후평가 강화 등 규제품질을 제고해 규제부담을 줄일 필요가 있다. 규제영향평가에 기초한 '규제 비용 총량제'를 실시하고, 포지티브(Positive) 방식의 규제를 단계적으로 철폐해야 한다.

두 번째, R&D 투자의 효율성이다. 한국의 R&D 투자규모는 세계 최고 수준이다. 그러나 기술이전과 상용화에 미흡하다. 특히 서비스업

R&D 비중은 전체 한국기업 R&D의 8%에 불과하다. OECD 평균이 38%라는 점을 감안하면 4분의 1 정도에 불과하다.

기술이전 · 상용화를 확대하기 위해선 학계 · 기업 · 정부간 R&D 연계성을 강화하고 활발한 인적 교류를 촉진해야 한다. 또 세계적 혁신 네트워크와의 연계 강화를 위해 무역 · 투자 장벽을 완화하는 것이다.

셋째, 인수 · 합병(M&A)시장을 발달하지 못했다. 코스닥 상장에 평균 12년이 소요되는 만큼 벤처캐피탈의 창업초기 기업 투자가 부진하다.

넷째, 국가직무능력표준(NCS)과 학교 교육간 연계가 약하고 이를 통해 노동시장의 일자리 불일치 문제와 역내 국가들과의 협력을 통해 대기오염 문제 등이 제기되고 있다.

다섯째, 한국경제에도 기술혁신이 새로운 황금기에 진입하고 있지만, 기대만큼 생산성 향상이 따르지 않고 있다. 2008년 글로벌 금융위기 이후 미국, 유럽 등 선진국의 생산성 향상이 절대적으로나 지난 수 십 년과 비교하더라도 매우 더디다.

이는 혁신이 새로운 황금기에 진입하고 있어 글로벌 생산성이 급격히 향상하고 일하는 방식이나 생활 방식이 크게 개선될 것이라는 실리콘밸리 등 기술혁신의 중심지에서 유행하는 기대와는 어긋나고 있는데서 찾아 볼 수 있다.

혁신이 일고 있는 분야는 ET(에너지기술), BT(생명공학), IT(정보기술), MT(제조기술), FT(금융기술), DT(방위기술) 등 6개 분야에서 주도하고 있다. 하지만 이들 분야가 이끄는 혁신이 이미 경제의 많은 분야에서 활용되지만, 가시적인 생산성 향상으로 이어지지 못하고 있다[시드니=연합뉴스, 김기성 특파원, 2016.6.6.].

잠재성장률을 끌어올리기 위해서는 중장기적인 안목으로 경제 기초체력을 개선하는 방법밖에 없다. 구조개혁을 통해 경제 전체의 효율성을 높이는 것이다. 노동투입 감소에 대응해 여성·고령층 노동자를 활용하는 시스템을 갖추고, 제조업의 국제경쟁력과 기술혁신을 강화하며 서비스업의 생산성을 높이는 노력을 강화하는 것이다.

정부가 서비스업도 다른 산업과 균형감각을 갖고 발전시키며 수출 중심의 불균형 개발이나 발전이론을 시각에서 벗어나야 한다. 수출시장과 내수시장을 동시 균형으로 발전시켜 생산성 증대로 연결하는 방안을 찾아야 한다. 생명 환경오염에 대해 선진국 수준을 엄격히 규제해 상품개발이 국제적인 수준으로 향상되고 나머지 모든 규제는 과감히 혁파해 완전자유 개방의 길로 나가는 것이 선진국 기업들과 어깨를 겨누는 국내기업의 해외 경쟁력을 키울 수 있다. 완전 시장개방과 각종 규제 해제에 대해 국민 정서와 감정이나 거부감을 바꿔가는 노력도 동시에 이뤄져야 한다.

총요소생산성 향상만이 잠재성장률을 제고할 수 있지만 이를 위해 노동력을 끌어올리거나 기업 투자를 국내로 돌리는 것은 단기간 내에는 어려운 것이므로 장기과제로 지속적인 구조개혁과 산업개혁이 이뤄져야 한다.

정부가 은행-산업자본 분리나 인터넷은행 허용 등과 관련한 규제를 과감하고 신속하게 풀고 규제의 틀 자체를 네거티브로 바꿔야 한다. 구조조정과 관련한 중요한 결정도 시장사정의 중장기 전망에 맞추어 신속히 이뤄져야 한다.

투자 증대를 위한 노력 역시 등한시할 수 없다. 잠재성장률 하락에는 투자 부진이 가장 크다. **우리 산업구조 자체가 중국에 많이 빼앗길 수밖에 없는 구조이다. 국내 투자가 이뤄질 수 있도록 신성장 동력이 될 수 있는 고부가 사업부문을 발굴해 키워야 한다.**

정부는 모든 사업부문을 다 쥐고 가려고 할 것이 아니라 핵심 부문에 집중적으로 투자하고 연구개발(R&D) 투자의 효율성을 높이는 것도 중요한 과제다.

05

2008년 금융위기 이후 미국경제와 세계경제

미국 연방준비제도(Fed)가 10월을 마지막으로 양적완화(QE) 정책을 종료한다. 2013년 12월부터 돌입한 테이퍼링(순차적 양적완화 종료)이 이번 달이면 마무리된다. 만의 하나 한 차례 더 연기가 된다 하더라도 이번에 규모가 줄어들면 길어야 올해 안에 종료될 것이다[뉴욕=AP/뉴시스 최현 기자, 2014.10.29.].

경제가 성장세를 이어간다면 채권매입 프로그램을 12월에 종료할 수도 있다. 실제로 현실화되면 **연준은 아마 매달 국채를 사들이는 150억 달러를 50억 달러로 낮춘 채 올해까지 양적완화 정책을 이어갈 것이다.**

어찌 됐건 미국은 2008년 금융위기로 인한 충격을 완화하기 위해 지난 6년 간 3차에 걸쳐 4조 달러에 달하는 천문학적인 자금을 시장에 쏟아 부었다. 이는 액수 자체도 그렇거니와 지금까지 경제학에서도 나와 있지 않은 유례없는 정책이었다.

약 6년 가까이 전 세계 경제를 지탱해왔던 QE 정책 종료에 대한 충격은 2년 안에 시작할 것이다. 미국 정부는 시장이 패닉에 빠질 것을 염려해 천문학적인 금액, 매달 850억 달러에 달하는 돈을 시장에 풀어왔다.

이와 함께 기준 금리도 초저금리(0~0.25%) 기조를 유지해왔다. 유동성을 확대해 시장에 돈을 돌게 하기 위한 묘안이었다. 기업이나 은행, 투자자들은 제로 수준에 달하는 금리로 돈을 조달할 수 있었고, 이렇게 조달된 자금이 시장에 풀리게 됐다. 낮은 금리로 대출을 받고 수익을 낸 뒤 대출금을 갚으면 됐다.

이러한 자금은 한국을 포함, 전 세계로 뿌려졌고 글로벌 경기 회복을 뒷받침하는 든든한 버팀목이 됐다. 이를 달러 캐리트레이드라고 한다. 하지만 양적양화 정책 종료가 다가오면서 세계 각국은 충격에 대비해야 한다.

최근 벌어지고 있는 슈퍼 달러(달러화 강세) 현상과 올 초 브릭스(BRICs : 브라질 · 러시아 · 인도 · 중국)를 비롯한 신흥국 시장의 통화가치가 급격하게 떨어진 것도 연준이 시장에 푸는 돈 줄이기에서 벌어진 일이다.

하지만 연준은 시장에 푸는 돈을 줄여오기만 했고 정작 거둬들이는 작업은 시작도 하지 않았다. 결국 빌린 돈은 투자자들이 갚아야 하는 돈이고 금리가 다시 올라가면 투자자들은 리스크와 수익성을 따져본 후 대출 규모를 줄여야 할 것이다.

QE 종료로 인한 세계 경제에 오는 파장은 아무도 모른다. 지금까지 일어나지 않았던 일이기에 그 두려움은 더 크다. 하지만 일본은 이미 아베노믹스라는 정책 아래 이미 QE를 실행하고 있고, 유럽연합(EU)도 국채 매입은 아니지만 커버드 본드를 사들이면서 경제 부양 바통을 넘겨받으려 하고 있어 충격 완화가 될 수 있다.

일단 지금까지 QE 정책으로 인한 경제부양 효과는 대단했다. QE 정책은 매우 인상적인 성공이었다. 금융사태 이후 인플레이션율은 적정 상태를 유지하고 있고, 일자리를 잃은 사람들은 다시 직장을 찾았다. 주식 시장은 그때보다 2배에 가깝게 올랐다.

미국은 2008년 하반기부터 QE 정책을 실시했고, 1차 때는 1년 간 1조7000억 달러, 2차에는 6개월에 걸쳐 6000억 달러를 투입했다. 2010년 8월에는 3차 QE 정책을 발표하며 고용개선이 이뤄지고 경기가 살아날 때까지 매달 850억 달러를 무기한 투입했다.

당시 이 같은 정책은 국내외로부터 거센 비난을 받았다. 2011년 미국 대통령 선거 캠페인이 진행되고 있을 때 한 정치인은 벤 버냉키가 선거에 앞서 돈을 더 찍어낸다면 가장 반역적인 일이 될 것이라며 혹평했다.

QE 정책이 마무리되고 있는 지금 미국 실업률은 5.9%으로 뚝 떨어졌다. 미국 실업률 5.9%는 버락 오바마 대통령 취임 이전인 지난 2008년 7월 이후 가장 낮은 수치다. 2009년 10월 9.6%로 치솟기도 했지만 지난해 하반기에 7%대 초반으로 하향세를 나타냈다.

스탠다드앤푸어스(S&P) 500 지수도 금융 위기가 오기 전 수치에 비해 101% 상승한 2000을 향해 가고 있다. 경제성장률은 2분기에 4.6%를 기록해 2011년 4분기 이후 가장 높은 수준을 보였다.

주택시장을 비롯한 각종 경제지표도 위기 이전 수준으로 회복이 됐고, 한때 15%대를 기록했던 정크본드 부도율은 최근 0~1%대로 떨어져 지극히 정상적이다. 한편 인플레이션율(물가상승률)의 경우, 목표치(2%)보다 다소 낮은 수준인 1.7%를 기록하고 있다[뉴욕=AP/뉴시스 최현 기자, 2014.10.29.].

그러나 미국의 양적완화(QE) 정책 종료 후 몰아닥칠 폭풍이 어디로 휘몰아칠지 모른다. 벌써부터 나 홀로 경기회복을 타고 있는 미국경제가 중국을 비롯한 신흥시장과 유럽의 경기둔화로 인해 다시 침체에 빠질 수 있다는 우려다. 10월 한 달간 신흥시장에서 90억 달러가량이 빠져나간 것이 그 신호탄이다. 신흥시장이 어려워지면 다시 미국 경제가 2015년 말 전에 침체될 위기에 처할 수 있다는 우려가 감지되고 있다[파이낸셜뉴스, 뉴욕=정지원 특파원, 2014.10.29.].

현재 미국경제는 미국의 고용지표와 경제성장률을 놓고 보면 2008년 발생한 금융위기에서 드디어 확실하게 벗어난 것으로 추정된다. 하지만 유럽 경제는 아직까지 침체에서 탈출하지 못하고 있고, 중국을 비롯한 신흥시장 경제는 성장둔화로 매력을 잃어가고 있다.

중국의 경제성장률은 지난 20년간 연평균 10%를 기록해 왔지만 2012년부터 둔화 추세를 보이며 올해는 7.5%를 기록할 것으로 전망된다. 러시아와 브라질 역시 경제성장률이 크게 둔화되는 추세다.

미국을 제외한 세계경제 환경이 악화되면서 회복되고 있는 미국 경제를 끌어내릴 가능성이 커지고 있다. 신흥시장을 비롯한 글로벌 경제가 미국 경제를 끌어내릴 것이란 우려다. 신흥시장이 그동안 서구 시장에 의존해 온 인프라 수출이 수요 감소로 크게 줄어들면서 글로벌 경기는 내년 말 전에 다시 침체에 빠질 것으로 전망한다.

20년 전만 해도 신흥시장의 경기침체가 미국 경제에 미치는 영향은 그렇게 크지 않았지만 이제는 상황이 달라졌다. 금융위기 이후 미국 고용 중 약 30%는 무역과 관련이 있었다.

10월 한 달간 아시아와 아프리카, 남미, 동유럽 등 이머징마켓 주식시장에서 90억달러(약 9조4670억원)가 빠져나갔다[국제금융연합회 IIF]. 중국 경제성장 둔화와 미국 대출규제 완화 등으로 신흥시장에 대한 투자 매력이 줄었기 때문이다.

최근 자금이 신흥국 주식시장에 더 이상 유입되지 않고 있다. 연준의 금리 조기인상 가능성이 계속 제기돼 위험을 감수하고 신흥시장에 투자하려는 투자자가 줄어들 수밖에 없는 것이다[파이낸셜뉴스, 뉴욕=정지원 특파원, 2014.10.29.].

① 선진국의 8년간 돈 풀기

세계 경제가 2008년 글로벌 금융위기 이후 대대적인 돈 풀기에도 또 다시 위기상황에 직면했다. 미국, 영국, 일본, 유로 존(주1)은 글로벌 금융위기 이후 대대적으로 돈을 풀어 위기 봉합과 경제성장궤도 복귀를 추진했지만 약발이 먹히지 않았다[서울=연합뉴스, 이 율 김경윤 기자, 2016.1.24.].

오히려 중국의 성장둔화에 국제유가는 끝 모르게 추락하고, 금융시장 변동성은 역대 최대 규모로 확대되는 등 갈수록 위기의 그림자가 짙게 드리워지고 있다 이에 대응하기 위해 세계 각국은 또다시 돈 풀 준비를 하고 있다.

2008년 글로벌 금융위기 이후 미국, 영국, 유럽, 일본 등 세계 각국이 대대적인 양적완화에 나선지 8년이 됐다. 금융위기부터 지난해 9월까지 시장에 풀린 돈은 총 6조 달러(약 7천194조원)에 육박한다. 하지만, 세계 경제가 여전히 위태로운 모습에서 헤어 나오지 못하고 있는 주요국 금융당국은 추가 양적완화에 다시 나서고 있다.

② 중국 경제의 거센 회오리바람

각국이 푼돈은 한국 2014년 국내총생산(GDP) 1조4천103억 달러의 4.2배에 달한다. 세계 경제의 가장 큰 고민거리는 경제대국 중국이 비틀거리고 있는 점이다. 중국경제의 성장률이 급격히 둔화하고 있다는 점이다. 파급력이 너무 크게 작용하고 있는 것이다.

중국은 지난해 국내총생산(GDP) 성장률이 6.9%에 그치면서 25년 만에 최악의 성적을 냈다. 지난해 수출입 총액은 3조9천586억 달러로 전년 대비 8.0% 감소했고 수입 규모는 14.1% 줄어든 것으로 집계됐다. 이마저도 조작된 통계라는 의혹이 제기되면서 중국 경제 경착륙에 대한 우려는 더 커졌다.

③ 원자재 시장과 자원부국의 충격

중국의 경기 둔화와 수요 감소로 직격탄을 맞은 것은 원자재 시장이다. 중국이 수입을 줄이면서 원유, 구리 등의 가격이 줄줄이 추락했다.

서부 텍사스산 원유(WTI)는 최근 배럴당 26달러까지 떨어져 2008년 7월 고점인 145달러 대비 82% 추락했다. 런던금속거래소(LME)에서 구리 3개월 선물의 거래 가격은 23일 기준 톤당 4,443달러로 2011년 2월 10,190달러 대비 56% 폭락했다.

중국은 세계 구리 소비의 45%를 차지하고 있어 가격에 미치는 영향력이 절대적이다. 원자재 가격 추락은 원자재 생산국의 경제 위기로 이어졌다.

세계 최대 원유 매장량을 자랑하던 베네수엘라는 세 자리 수에 달하는 인플레이션(물가상승)에 시달린 끝에 경제 비상사태를 선포했다. 러시아는 루블화가 사상 최저치로 떨어지면서 인플레이션의 고통을 받고 있다.

사우디아라비아도 재정 적자가 1932년 건국 이래 최대치를 기록하면서 각종 보조금을 축소하는 등 적자를 줄일 방안을 찾고 있다.

일본, 유럽, 미국 등 선진국의 상황도 밝지 않다. 선진국 소재 원자재 기업들이 줄줄이 무너지고 있다.

④ 세계경제 회복 난망

세계 경제의 동력 역할을 하던 중국 경제가 끝 모를 늪에 빠지면서 세계경제는 침체의 길로 들어서고 있다. 제3차 부채 슈퍼 사이클이 도래한 것으로 보인다고 진단한다[케네스 로고프 하버드대 교수].

일본은 지난해 3분기 간신히 경기침체 진입을 빗겨갔다. 유로 존[1]도 미미한 회복조짐 수준에서 맴돌고 있다. 일본과 유로존의 경기가 지지부진하면서 유럽중앙은행(ECB)과 일본은행은 최근 추가 양적완화 가능성을 시사했다. 앞으로 여기에 다른 나라들도 동참할 가능성도 크다

주요 10개국(G10)의 중앙은행 대부분이 올해 상반기에 통화정책을 완화하거나 적어도 비둘기파적인 태도를 취할 것으로 보인다. 그러나 양적완화와 같은 통화정책은 임시방편이며 근본적 구조개혁을 거쳐야 세계경제가 다시 성장궤도로 복귀할 수 있다.

이제 세계 각국 경제는 양적완화 정책이 한계에 도달해, 또다시 돈풀기를 늘리기보다는 다른 방안을 동원할 때다. 지금까지 미국과 유럽

1) 유로 존은 유로화 사용 19개국을 의미한다.

의 중앙은행들은 기준금리를 제로 수준까지 내리고 할 수 있는 모든 것을 했다. 시장은 기적을 기대하는 것을 중단해야 한다. 이제 남은 것은 재정정책을 동원할 때다.

중앙은행들이 지금까지 해온 양적완화를 2배로 늘린다면 중앙은행과 종이화폐 자체, 일부 통화에 대한 신뢰를 잃을 수 있으며 채권과 주식가격은 폭락할 것이다.

세계경제가 불안한 것은 돈 풀기의 힘으로 가려졌던 고령화와 저성장, 과잉공급, 수요위축이라는 민얼굴이 다시 드러나고 있기 때문이다. 임시방편을 중단하려 하다 보니 세계경제가 성장궤도로 복귀하지 않고 오히려 추락에 직면해 있다는 게 공포의 근원이다.

지금 세계경제는 1929년 대공황을 거쳐 살아난 듯하다가 1935~37년 다시 추락했던 상황과 유사하다. 공급과잉이 심각하기 때문에 상당히 혹독한 구조조정과 자원 재배분 과정을 거쳐야 세계경제의 기초체력이 향상돼 성장궤도로 복귀할 수 있을 것이다.

불행하게도 한국 경제는 여전히 해외경제에 민감한 냄비경제며 내수기반이 약하고 수출입과 자본 유-출입에 깊이 의존하다보니 경제가 쉽게 흔들린다. 한국 산업구조를 보면 다양한 제조업에서 발군의 실력을 발휘하고 있지만 선진국의 제조업에 비하면 여전히 취약한 경쟁력이다. 아직 구미 선진국을 따라가기에는 갈 길이 멀어 보인다.

한국의 대기업들은 소위 재벌이라는 우산아래 문어발식 복합그룹이고 기업지배구조도 전근대적이며 수직으로 계열화된 전문기업들이 단 하나도 없다. 중소기업들의 국제경쟁력은 취약하고 과열경쟁에 시달리는 자영업자들이 생존을 위해 몸부림치는 경제구조이다.

06

미국 경제정책과 한국경제

미국 연방준비제도(Fed)가 금리를 점진적으로 인상하더라도 세계 경제에는 상당한 충격을 준다. 과거 미국이 금리를 인상할 때마다 신흥국의 외환위기, 글로벌 금융위기 등으로 이어졌던 경험에서 볼 때 이번에도 예외일 수 없다[아시아경제 정현진 기자, 2016.1.10.].

과거 사례에 비추어 보면 1990년대 이후 미국 금리 인상은 세계 경제에 충격을 주지 않았던 적이 없었다. 현재 금융시장은 연준이 1년에 1% 포인트씩 3년에 걸쳐 인상해 2017년 말 3.25%에 이를 것으로 예상한다.

2차 대전 이후 가장 완만한 금리 인상이지만 미국과 세계 경제에 적지 않은 부작용을 미칠 것으로 보인다. 이번 인상은 현재 금리가 극단적으로 낮은 수준(0~0.25%)인 만큼 금융시장을 크게 변화 시킬 것으로 전망된다.

특히 인상 종료 후 금리 수준인 3.25%가 역사적으로는 상당히 낮은 수준이지만, 지금보다는 무려 14배나 높다. 1999년 6월~2000년 5월의 1.37배, 2004년 6월~2006년 6월의 5.25배보다 훨씬 인상폭이 크다.

과거 미국이 1994년 2월~1995년 2월 1년간 7차례에 걸쳐 3.0%에서 6.0%로 인상했을 당시 국제금융시장의 자금 흐름이 역류됐다. 이로 인해 멕시코, 아르헨티나, 아시아, 러시아, 브라질에서는 외환위기가 발생했다.

1999년 6월부터 1년간 진행된 금리인상(4.75%→6.5%)이나 2004년 6월부터 2년간 진행된 금리인상(1.0%→5.25%) 당시에도 인상속도는 완만한 편이었으나 전 세계 자본시장을 급랭시키고, 글로벌 금융위기의 원인으로 작용했다.

연준이 금리를 아무리 천천히 올린다 하더라도 차입자들의 입장에서는 이자부담이 급격하게 늘어날 수밖에 없다. 미국은 물론 세계 경제 전반에 상당한 부담으로 다가올 것으로 본다.

현재로서는 우리 경제가 미국의 금리 인상에 적응할 시간적 여유가 어느 정도 있지만 부작용을 최소화하는 대책은 가계부채 등 국내경제문제에 대응에 그치고 대외적 관련 변수(환율, 자본유출 등)에 대한 대응은 제한적인 방어에 그칠 것이다[아시아경제, 정현진 기자, 2016.1.10.].

07

한국경제는 장기 침체 속을 헤매고 있다.

한국경제는 3년째 2%대 성장에 머물고 있다. 세계경제의 회복이 지연되고 새로운 성장 동력을 발굴하지 못하고 있으며 비효율성을 제거하는 구조개혁과 구조조정도 부진하기 때문이다[헤럴드, 이해준 기자, 2016.4.13.].

특히 한국경제 성장이 세계경제 성장률을 밑돌고 있어 이런 현상이 앞으로 상당기간 지속될 것으로 보인다. **한국경제가 획기적인 체질개선을 통해 독자적인 성장 동력을 발굴하지 못하면 장기침체에 빠질 가능성이 높다.**

한국경제는 박근혜 정부 4년차 집권기에 들어섰지만 좀처럼 회복될 기미를 보이지 않고 있다. 기업투자와 가계소비가 크게 위축되고 있기 때문이다[세종=연합뉴스 정책팀, 2016.4.3.].

국내총생산(GDP) 대비 기업투자 비중이 뚝 떨어지고 있다. 이것은 기업이 느끼는 미래에 대한 불확실성이 그만큼 크다는 것을 방증한다. 가계 심리도 불안해지면서 민간소비 역시 크게 위축되는 모습이다.

기업의 투자와 고용이 감소하면 가계의 소득이 따라 줄면서 소비의 제약 요소로 작용하게 되고 이는 다시 경제 성장을 떨어뜨려 기업 활동을 짓누르는 악순환으로 이어진다.

지난해 기업의 실물투자를 뜻하는 총고정자본형성의 GDP 대비 비중은 29%에 그쳤다. 이는 1976년 이후 가장 낮은 수준이다.

기업의 투자 위축은 은행 잔고에서도 확인된다. 기업이 투자하지 않고 현금 보유만 늘고 있기 때문이다. 2015년 말 기업이 국내 은행에 예금한 잔액은 348조원으로 1년 전보다 8.3%(26조7천억원) 증가했다[한국은행 경제통계시스템].

기업의 은행예금 증가율은 2014년(3.4%)보다 훨씬 높다. 2011년(5%) 이후 4년 만에 최대치다. 기업들은 세계 경기 둔화와 중국과의 경쟁 심화 등으로 제조업 경기가 부진에 빠지면서 투자를 줄이고 있는 것이다. 2016년 들어서도 설비투자는 두 달 연속 감소하는 추세다. 2015년 1월부터 수출 감소세가 15개월 연속 이어지고 있는 상황이어서 과감한 투자에 나서지 못하고 있다.

가계도 닫힌 지갑을 좀처럼 열지 않고 있다. 투자의 소비의 이중고로 경기는 계속 악순환을 걷고 있다. 회복 기미를 꺾고 있는 것이다. 2015년 GDP 대비 민간소비는 1988년 이후 최저치인 49.5%를 기록했다. 일자리 불안이 심화하는 가운데 주거비 부담과 부채, 고령화 등이 맞물리면서 소비 회복은 일어나지 않고 있다.

① 경기 대책

기업투자가 늘며 가계의 소비여력을 키우고 성장률을 끌어올리는 선순환 구조를 깰 기미는 여전히 불확실하다. 이제껏 기업 소득과 가계 소득의 선순환을 유도해왔던 정책의 약발도 제대로 먹혀들지 않고 있다.

정부는 2014년부터 일정 규모 이상의 기업이 얻은 수익 중 배당이나 투자, 임금 증가에 쓰지 않은 돈에 과세해 기업들이 돈을 풀어 경기부양에 보탬이 되는 정책을 유도해왔다. 기업의 성장 과실을 가계로 흘러들어 가게 하겠다는 것이다. 그러나 경기 침체로 기업 소득마저 줄어들면 이 같은 효과는 기대하기 어렵다.

기본적으로 산출과 지출의 큰 몫을 담당하는 기업이 생산을 많이 하고 제품이 잘 팔려야 가계와 기업의 배가 불리고 경제가 회복의 기미를 탈 수 있다. 첫 번째 고리인 생산 과정부터 제대로 되지 않으면 가계로 내려갈 수 없다는 것은 시장경제의 순리이자 논리이다.

투자와 소득 등 어느 한 군데서라도 악순환의 고리를 끊고 선순환을 만들 수 있는 정책이 필요하다. 그 동안 이런 정책에 부응했지만 구조조정이나 보조적인 지원정책들이 엇박자를 내었던 게 부작용을 가져왔을 뿐이다.

한국은 북한 리스크가 경제에 미치는 영향을 최소화하는데 노력하지만 북한 리스크에 따른 영향은 앞으로도 제한적이다. 정부의 올해 3.1% 성장 달성 여부에 대해 다른 기관들의 전망치는 기존 2.9%에서 2.7%로 낮춰 잡고 있다. 그러나 경기부양 정책으로 생산과 수출, 소비심리가 연초보다 조금 나아지는 모습이며 이런 흐름이 당분간은 지속될 것으로 본다.

국제 경제 상황의 영향을 피해 가기는 어렵겠지만, 한국은 적극적으로 대응할 수 있는 정책적 여지가 있고 구조개혁도 신속하게 추진하고 있다. 조심스럽지만 3%대의 성장률 달성이 가능하다. 가계부채가 매우 크다. 가계부채의 질적 구조나 상환능력을 보면 경제에 충격을 줄 가능성은 제한적이다.

중국 경제의 둔화가 한국 경제에 부담을 주는 것 아니냐는 여부에 대해 당국은 작년에 우리가 예상했던 것보다는 한국 경제에 미치는 영향이 제한적이었으며 중국 정부의 관리 능력과 의지가 중국 경제의 문제를 충분히 감당해나갈 것으로 생각하고, 중국이 지속 가능한 성장 모델로 이행하는 게 궁극적으로 한국 경제의 안정에도 도움이 될 것이다.

수출 부진에 대해서도 세계 교역량 전체가 줄어들고 있어 한국의 수출이 나빠졌지만, 최근 회복세를 보이고 있다. 산업 경쟁력을 높이고 수출 대상국을 다변화하고 있다[안승찬, 이데일리, 2016.4.13.].

② 경쟁국에 비해 주력 수출 품목의 부진이 더 크다.

한국의 주력 수출 품목은 전기기계장치와 기기, 자동차, 석유제품, 기타 수송장비, 통신 및 녹음기기, 전문 · 과학 · 통제기구, 철강, 플라스틱 제품, 유기화학물, 산업용 일반기계 및 장비이다[국제무역분류(SITC) 기준 분류 / 한국경제연구원; 당기손익-공정가치 측정 금융자산처분손익대 수출 품목 의존도 국제 비교와 시사점].

이들 품목이 세계 교역량에서 차지하는 비중은 2011년 48.3%에서 2014년 45.6%로 2.7%포인트 낮아졌다. 이들 수출 품목이 세계 교역량에서 차지하는 비중은 같은 기간 미국이 51.9%에서 49.7%로, 일본이 37.9%에서 37.0%로 각각 하락했으나 그 폭은 한국보다 작았다. 반면 중국은 39.6%에서 40.5%로 오히려 상승했다.

또 한국의 전체 수출에서 주력 품목이 차지하는 비중은 75.7%로 미국(55.4%)이나 중국(67.8%), 일본(69.8%)에 비해 높다.

이런 구조적인 특성 때문에 지난해 한국의 수출 품목 중 6개의 수출 단가가 하락해 상대적으로 타격이 더 컸다. 석유제품(-41.1%), 유기화학물(-30.8%), 철강(-17.6%), 기타 수송장비(-6.9%) 등이 단가 하락을 주도한 대표적 품목이다.

2004년부터 2014년까지 주력 품목의 가격 변동성은 모두 전체 평균인 9.3%보다 높았다. 가격 변동성이 큰 상위 3개 품목인 석유제품(30.5%), 전기기계장치(29.5%), 플라스틱(25.7%) 제품이 전체 수출에서 차지하는 비중은 2004년 22.6%에서 2014년 31.0%로 8.4%포인트 증가했다.

안정적이고 지속적인 수출 증대를 유지하는 길은 특정 품목에 대한 의존도를 줄이고 새로운 품목을 개발하는 것이다[한국경제, 서욱진 기자, 2016.3.24.].

③ 소비 절벽의 현실화

2016년 1월 지표들이 2015년 1월보다도 나쁘게 나오고 있다. 구정 특수는 고사하고 '소비절벽'이 현실화되고 있는 것이다. 지표에 앞서 심리지수는 이미 6개 월래 최저치로 떨어졌다. 한국은행의 소비자심리지수(CCSI)는 2015년 7월 수준으로 하락했다.

2015년 하반기 소비는 추경 편성과 특별소비세 감세 · 면세 등의 덕택으로 늘어났지만 2016년 들어 국제유가 급락, 중국 중심의 금융시장 불안 등으로 경기가 흔들리고 소비 심리 역시 취약해 진 것으로 보인다.

정부는 2016년 상반기 내 중앙정부와 지방정부 재정과 지방교육재정까지 합친 총 144조원을 푼다. 작년 같은 기간 조기집행액보다 14조원 많은 액수다.

정부는 또한 승용차 개별소비세(5%→3.5%)도 추가 재 인하하고, 영화관 · 스키장 등에서 할인 이벤트를 실시해 소비 분위기를 조성한다.

그러나 소비심리는 살아날 기미가 없다. 경제주체들의 공포심리가 예상보다 크다. 실제 지난해 12월 전체 산업생산량이 석 달 만에 반등했지만 기업들의 현장 체감지수는 금융위기 직후인 2009년 초 수준으로 후퇴했다.

중국 금융시장 충격과 국제유가 하락 등 대외불안 요소가 확대된 데다 추세적으로 전통산업구조가 흔들리고 있다는 불안심리가 소비심리를 얼어붙게 한 것으로 보인다.

가계 부채 증가와 집세 부담 등이 소비여력을 축소시키고 있다. 내수 회복의 걸림돌이다. 가처분소득 대비 금융부채 비율도 확대됐다. 소매판매 역시 최근 두 달 연속 내림세다.

정부의 2·3 경기보강대책은 불가피한 선택이지만 미봉책에 그칠 것이다. 한국경제가 현재로선 별다른 카드가 없지만 내수, 소비가 크게 늘기는 어려운 상황이다.

더구나 반복적인 재정 조기 투입 역시 2017년도 성장률을 낮추는 부작용을 초래할 수 있다는 점에서 악순환의 반복될 것이다.

실제 지난해 4·4분기 성장률이 0.6%에 그친 원인 중 하나가 공기업을 중심으로 한 민간투자 하락 영향이 컸다.

경기부양책으로 확대 재정정책이 아닌 팽창적인 통화정책으로 대응할 수 있지만 이 또한 효과는 신통치 않을 것이다. 통화정책의 파급경로가 그 어느 때보다 매우 불확실하고 불안정한 시기에 처해 있기 때문이다.

특히 경제구조개선 없는 통화정책은 가계 빚만 늘리고 경제 활력을 떨어뜨린다는 부작용만 초래할 것이다[파이낸셜뉴스, 김용훈 조은효기자, 2016.2.3.].

④ 비대칭적 재정지출의 악순환- 경기부양 실패

정부가 지난 2002년 이후 13년 동안 한 해에 쓸 예산의 절반 이상을 경기촉진용으로 상반기에 쏟아 붓는 재정 조기집행을 해마다 단행했다. **이와 같이 13년 동안 경기 부양을 겨냥한 확대재정지출을 집행했지만 연간 성장률 제고 효과는 단 3회에 그치고 말았다.**

매년 연초 당겨쓰기와 연말 재정절벽의 악순환이 되풀이되면서 안정적인 경기 사이클을 조성하는 데 실패한 것이다.

재정 조기집행으로 정부 성장률 전망치보다 실적치가 높았던 때는 2006년, 2007년, 2008년 등 세 차례에 그쳤다. 이 기간 정부 전망치와 실질성장률은 각각 △2006년 5%, 5.2% △2007년 4.6%, 5.5% △2008년 5%, 6.5%이었다.

정부는 올해도 중국 경기 경착륙, 미국의 금리 인상에 따른 신흥국 금융위기 우려 등 대내외 리스크를 차단하기 위해 전체 재정의 58%를 상반기에 쏟아 붓기로 했다.

그러나 그동안 결과에서 보듯이 정부의 재정 조기집행 효과는 크지 않았다. 이 **정부는 민간경제 주체들에게 정부가 경기를 부양하기 위해 노력한다는 신호를 보냈지만 추가경정예산 편성 등 따로 돈을 푸는 것**

보다는 성장률 제고 효과는 제한적이었다. 또한 13년 동안 추가경정예산 편성 등 따로 돈을 풀었던 해도 성장 및 경기회복 효과는 없었다.

재정 조기집행의 효과가 신통찮은 것은 정부지출의 경제성장률(GDP) 기여도를 봐도 드러난다. 조기 재정투입이 경제성장에 기여하기는커녕 되레 성장률을 갉아먹기도 했다.

정부지출의 성장률 기여도는 △2011년 2·4분기 -0.1%포인트 △2012년 2·4분기 -0.2%포인트 △2013년 1·4분기 -0.1%포인트 △2014년 1·4분기 -0.4%포인트 △2015년 1·4분기 -0.3%포인트를 기록했다.

이는 **재정집행의 무게중심이 숫자에만 쏠려 있는 탓에 적재적소에 쓰이는지에 대한 사후 관리감독이 부실했기 때문이다. 정부는 2002년부터 경기변동에 적극적으로 대응하기 위해 재정 조기집행을 중심으로 재정관리를 추진해오고 있지만 체계적인 관리는 미흡하다**[한국조세재정연구원; 재정집행의 효율성 제고를 위한 제도적 개선방안 보고서].

재정을 상반기에 조기 집행한 후 하반기에 쓸 여력이 없으면 경기가 더욱 위축될 수밖에 없다. 상반기에 조기 집행한 재정지출이 승수 작용을 통해 경기회복을 가져오지 못한 것이 하반기에 재정여력이 소모되며 더욱 부채질 한 것이 화근일 수 있다.

하반기에는 경기가 나아질 것으로 보고 상반기에 재정을 조기 집행하는데 오히려 하반기에 쓸 자금이 부족해 경기의 선순환을 방해하는 것을 넘어 부채질 하는 것이다.

매년 상반기에 돈을 풀고 하반기에 투입되는 돈이 줄어들게 되면 연간 성장률에는 거의 영향을 못 미치는 것으로 나타났다. 재정 조기집행보다는 구조개혁을 통해 잠재성장률을 끌어올리는 것이 더욱 중요하다는 것을 다시 한 번 일깨워 주고 있다[세종=박홍용기자, 서울경제, 2016.1.26.].

08

한국의 잠재성장이 추락하고 있다.

일선에서 뛰는 기업체 현장에서는 지난 1997년 외환 위기나 2008년 금융위기 수준에 버금간다고 아우성친다. 한국 경제는 고민이 깊다. 성장 잠재력이 갈수록 떨어지고 있기 때문이다. 세계경제 자체가 워낙 안 좋은데다 중국의 기술진보 속도가 예상보다 빠르다는 게 그 바탕에 있다[이데일리 김정남 경계영 기자, 2016.1.6.].

중국 동심반도체는 지난해 4월 우리나라의 메모리 설계업체인 피델릭스의 최대주주가 됐다. 중국 투자펀드 서밋뷰캐피털은 지난해 3월 미국의 메모리 설계업체인 ISSI를 인수했다. 중국 정부는 반도체 육성정책을 메모리 분야로 확대하고 있다. 중국은 기업 인수는 물론 석 · 박사급 인력도 대거 흡수하고 있다.

중국의 팹리스는 2000년 485개에서 2013년 583개로 늘었다. 같은 기간 우리나라(92개→70개)는 오히려 줄었다. 팹리스는 미국 퀄컴처럼 반도체 생산은 외주에 맡기고 설계만 전문으로 하는 회사다. '한국의 퀄컴' 꿈은 먼 얘기가 되고 있는 게 우리 산업계가 직면한 냉정한 현실이다.

우리 젊은이들이 중국 샤오미 제품들을 사기 시작했다. 중국산(產)과 기술격차는 없는데 가격격차는 그대로 남았다. 공격적인 투자가 어렵다.

한국은행의 2015~2018년 한국 잠재성장률 추정(3.0~3.2%)에서 주목할 점은 기술진보 등을 반영하는 총요소생산성의 기여도가 하락한 점이다. 고정투자 감소에 따른 자본투입 기여도 하락이다.

우리 경제의 잠재성장률이 3% 초반 혹은 2%대에 그칠 것으로 예측되지만, 구체적으로 총 요소 생산성의 기여도 하락이 잠재성장률 하락 요인이다.

개발모형을 통한 잠재성장률 추정에서, 총요소생산성 기여도는 2001~2005년 2.0% 포인트에서2015~2018년 0.8%포인트로 절반 이상 쪼그라들었다. 총요소생산성은 기술진보가 결정적으로 작용하지만 이외에도 서비스산업의 생산성 정체, 한계기업 급증 등의 요인도 작용한다. 지금 한국경제는 기술력이 상대적으로 뒤처지고 있음을 의미한다.

그 동안 한국경제의 성장 동력은 기술의 혁신보다 기존 자본의 효율성을 도모하는 방식 이었다. 투입노동을 줄여 자본 투자를 하는 것인데 거기엔 분명한 한계가 있다

투자도 주춤하다. 고정투자 증가율은 2001~2005년(평균 3.6%), 2006~20년(2.7%), 2011~2014년(1.7%)으로 갈수록 감소하는 추세다. 고정투자율 감소는 대내외 불확실성 증대, 설비 과잉 문제, 수요 부재 등의 요

인이 있다.

그 밖에도 생산성이 낮은 서비스업을 중심으로 고용이 증가하고, 빚더미에 앉은 한계기업이 급증하며, 장년층 인구비중이 갈수록 확대된다는 점도 경제성장에 부정적으로 영향을 미치고 있다.

이런 탓에 실제 우리경제는 세계경제와 비교해 오히려 퇴보하고 있다. 금융위기 이전(2000~2007년) 우리경제 성장률은 5.4%로 세계경제(4.5%)를 웃돌았다. 하지만 2008년 이후 7년간 평균 성장률은 3.7%로 1.7%포인트 감소해, 세계경제(4.0%)를 넘어서지 못했다.

한은이 제시한 3% 초반 대는 낙관적인 수치며 잠재성장률은 2% 후반 대에서 3% 초반 대 정도로 예측하고 있다. 노동개혁, 규제완화 등이 이뤄질 경우 우리경제의 잠재성장률은 장기적으로 1~2%포인트 상승할 수 있다.

잠재성장률이 3% 중후반대는 돼야 안정적인 일자리 창출이 가능하다. 3% 초반대면 내수 회복을 기대하기 어렵다. 구조개혁과 더불어 적극적인 재정 · 통화 정책이 필요하다.

09

왜 한국경제는 위기인가?

한국은 지금 과거에 경험하지 못한, 다른 차원의 위기에 직면해 있다. 과거와 달리 서서히 다가오는 구조적 위기라 위험을 인식하지 못하고 있다. 위기의 진앙지가 그동안 한국의 성장을 이끌어 온 주요 산업이라는 점이 충격적이다[샌프란시스코=이심기 기자, 한국경제, 2015.1.6.].

① 위기 요인 1

한국경제를 주도적으로 이끌고 온 재벌 대기업들은 글로벌 산업구조 변화를 따라가지 못하는 산업절벽에 직면해 있다, 최근 수출품이 전체 수출에서 차지하는 비중은 높아졌지만 이들 품목의 세계교역 비중은 오히려 감소했다. 기업들이 덜 팔리는 품목에 집중하고 있다. 글로벌 500대 기업에 속하는 한국 기업의 숫자가 2005년 8개에서 지난해 2개로 줄어든 것이 단적인 증거다.

가계와 국가부채 증가에 따른 부채위기와 내수부족이 경제 활력 상실로 이어지고 있다. 내수부족이 수입 감소와 불황 형 경상수지 흑자로 이어지면서 원화가치를 높여 수출까지 위축시키는 구조적 리스크로 이어지고 있다[권태신 한국경제연구원장 진단].

지금은 내수부족과 수출 약화 등 실물부문에서 오는 구조적 위기이다. 구조적 위기는 정부 실패와 국민경제를 주도한 대기업이 스스로 만들었다. 구조적 위기 극복은 많은 세월이 요구되는 처방과 실천이 필요하기 때문이다.

② 위기 요인 2

현재 한국 산업은 위기에 처해 있다. 최근 수출부진은 1970년대 오일쇼크 이후 최악의 수준이다. 그동안 한국의 고도성장을 이끈 수출이 절벽 앞에 서 있다. 2015년 월별 수출증가율이 모두 마이너스였다. 이는 한국의 고도성장을 이끈 핵심 산업의 분명한 위기징후라는 것을 보여준다[김도훈 산업연구원장 진단].

대표적 수출기업인 중공업과 조선업체가 밀집한 울산과 거제도는 구조조정 압력에 직면해 있다. 석유, 철강, 화학 등 소재산업의 수출금액이 감소했지만 물량은 증가하고 있다. 그러나 수출단가 하락이 심각한 상황이다. 이들 산업도 역시 위기를 예고하는 징후로 보인다.

세계교역량 증가율이 경제성장률보다 떨어지는 등 무역환경도 악화되고 있다. 애플 아이폰의 수익성이 삼성전자 갤럭시의 약 4배에 달한다. 애플 아이폰 등의 창업 연도는 삼성전자보다 모두 뒤진다. 애플 아이폰 등의 기업들은 전문기업들이다. 삼성전자처럼 거대한 재벌그룹의 계열사도 아니다.

이제 한국기업들은 부가가치가 높은 제품의 설계, 디자인 등 모든 영역에서 경쟁력을 확보해 질적 성장을 이루는 혁신을 이끌지 못하면 글로벌 경쟁시장에서 살아남기 힘들 것으로 보인다.

한국 기업의 수익성 악화가 심각한 상태다. 많은 기업들이 이익의 절벽에 직면해 있다. 특히 국민경제를 이끌고 갔던 대기업의 부채비율이 과거에 비해 높지 않고, 이자비용은 과거의 3분의 1에 불과한데도 영업이익으로 이자를 갚지 못하는 충격적인 상황이 전개되고 있다.

대기업들 중 상당수가 기업 부도와 수익성 하락이 1990년대 말 외환위기 당시보다 심각하다. 상장기업 매출 증가율이 2014년에 마이너스로 돌아선 것은 통계집계 이후 처음일 정도로 우려할 만한 수준이다.

미국의 저성장이 오래갈 것이다. 유럽과 일본의 실질성장률도 0%대다. 지금은 죽느냐 사느냐의 기로에 서 있다. 중국이 과잉투자를 줄이면서 대(對)중국 수출의 70%를 차지하는 중간재 생산 중견·중소기업 역시 위기에 처했다. 글로벌 장기침체가 예상되는 상황에서 구조조정을 통한 경쟁력 회복이 시급하지만 뾰족한 대안이 나오지 않아 더 큰 문제다. 그 만큼 위기 요인들이 복합적으로 깔려 있다는 것을 의미한다.

③ 위기 요인 3

한국은 생산인구 감소로 인해 저성장에 직면하는 인구절벽 문제를 해결하지 못하고 있다. 골든타임이 4년밖에 남지 않았는데도 별 다른 대책을 세우지 못하고 있다.

한국의 경제성장률이 세계 평균에 못 미치는 상황에서 인구감소로 인한 저성장 위기를 극복하지 못하면 장기침체에 허덕일 수 있다.

한국의 출생률은 전 세계 200개국 중 197위로 최하위권인 반면 기대여명은 14위(UN 자료)로 상위권에 있다. 이민자 비중을 뜻하는 국제이동률 역시 1.9%로 경제협력개발기구(OECD) 평균 9.2%의 약 5분의 1에 불과하다.

젊은 층 인구가 경제성장을 이끄는 인구 보너스가 끝나고 있다. 고령인구가 20%를 초과하면서 총부양비(생산가능 연령층에 대한 비생산가능 연령층의 인구 비)가 40명을 넘어선다. 4년 후인 2019년이면 인구위기를 맞을 수 있다.

인구절벽은 저성장과 재정 악화로 이어진다. 이는 25년 전 일본, 45년 전 독일이 경험했던 위기를 겪을 수 있다. 그러나 **한국의 노동시장은 구조적으로 왜곡돼 있어 해결하는 것이 쉽지 않다. 정부도 노동시장 정책 실패를 양산하고 있어 경제위기를 조장하고 있다**[샌프란시스코=이심기 특파원, 한국경제, 2016.1.6.].

④ 위기 요인 4

가계부채의 위험이 극단적으로 표출된 것은 2008년 미국 서브프라임 모기지(비우량 주택담보대출) 위기다. 서브프라임 위기는 지금까지도 세계 경제에 짐을 지우는 세계 금융위기로 발전했다.

2000년대에 접어들면서 미국의 가계 가처분소득 대비 부채 비율은 2007년 말 135%에 달했다. 저금리 환경에서 부채 증가율이 소득 증가율을 크게 웃돌고, 느슨한 감독과 규제를 틈타 주택담보대출에 기반을 둔 파생금융상품이 넘쳐났다.

치솟던 집값이 정점을 찍고 미끄러지기 시작하자 사태는 1930년대 대공황 이후 최악의 위기로 치달았다. 수백만 가구가 집을 잃고, 실업률은 5%에서 10%로 상승했다.

미국인들은 큰 희생을 치르고서야 부채의 위험성을 깨달았다. 서브프라임 위기 직전 주택 수요의 40%가 투기 목적을 띠었지만, 이후 집도 위험 자산일 수 있다는 인식이 확산돼 저축으로 눈을 돌렸다.

부채 조정에는 파산으로 인한 채무 해소와 적극적인 빚 상환 노력도 역할을 했다. 정부가 부채 구조조정에 나서는 동시에 무분별한 대출 관행에 대한 조사와 벌금으로 금융회사들을 압박한 것도 효과를 봤다.

2014년 말까지 가처분소득 대비 가계부채 비율은 113%로 줄었다. 최근 미국 경제의 회복에는 지나친 빚 부담에서 벗어난 가계가 소비를 늘리는 것도 한 몫 했다고 본다. 최저임금 인상 노력도 가계의 재무구조를 건전하게 만들었다.

독일 · 영국 · 스페인 등 유럽 국가들에서도 가계부채 축소가 이어졌다. 2014년 말 기준으로 경제협력개발기구(OECD)의 22개 회원국들 중 가처분소득 대비 가계부채 비율(자금순환통계 기준)이 한국보다 높은 곳은 덴마크 · 네덜란드 · 노르웨이 · 스웨덴 · 캐나다 · 아일랜드다.

이 중 북유럽 복지 선진국들은 최근 물가상승률이 0% 안팎이고 금리가 마이너스인 곳도 있다. 높은 조세 부담률에 따라 가처분소득이 상대적으로 낮기 때문에 부채 비율이 높게 잡히는 측면도 있다.

이때 기준으로 **한국 가계의 부채 비율은 164.2%로 오이시디 평균(130.5%)을 크게 웃돌 뿐 아니라 서브프라임 위기 직전 미국보다 높다. 지금도 1000조원이 넘는 한국 가계의 부채 급증은 건설투자와 금융권의 부동산 대출 팽창, 정부 부동산정책 실패의 합작품이 빚은 결과이다.**

⑤ 위기 요인 5

2008년 미국 발 글로벌 금융위기는 국민경제에 매우 중대한 교훈을 남겼다. 금융부문의 비정상 비대화와 제조업 경쟁력 약화가 국가경제 시스템을 허약하게 만들고 양질의 일자리를 줄였다는 교훈을 얻은 점이다.

미국 정부는 제조업 경쟁력 강화 정책을 다시 한 번 끈을 동여 맸다. 경제 분위기가 일신되면서 미국 기업들은 해외로 이전했던 공장들을 본국으로 역이전하는 리쇼어링(재배치)으로 이어졌다.

일찌감치 금융을 주력으로 삼았던 영국도 기초과학과 제조업체 간 중개기관을 설립하는 등 고부가가치 제조'(HVM) 전략을 세웠고, **전통적인 제조업 강국 독일은 앞서 2006년부터 제조 현장에 정보기술(IT)을 접목시켜 생산성과 효율성 증대를 꾀하는 '인더스트리 4.0' 계획을 이미 쌓아 논 기술축적과 노우-하우를 가일층 강화했다.**

하지만 한국 정부의 움직임은 지난 7~8년 동안은 허송세월한 산업정책이 없었다.

과거 개발독재 시절 한국은 '경제개발 5개년 계획'으로 대표되는 정부 주도 아래 산업화를 이뤄냈다. 4~5차 경제개발 5개년 계획(1977~86년) 과정에서 전자·자동차·철강·조선·기계·화학·정유 등 주력 산업의 틀이 짜였고, 이를 바탕으로 고도 성장기를 보냈다.

1990년대에는, 정보기술과 벤처가 산업정책의 화두가 됐다. 이어 노무현 정부는 2003년 차세대 반도체, 차세대 이동통신, 미래형 자동차, 디스플레이, 바이오신약 등 차세대 성장 동력 사업을 선정해 육성에 나섰다. 일부 부작용도 있었지만, 이런 과정에서 현재 산업의 기본 틀이 마련됐다.

2008년 출범한 이명박 정부는 이런 기조를 따르면서도 신 성장 동력 22개(2009년 17개로 수정 발표)를 선정했다. 하지만 대상이 늘어나면서 집중도는 떨어졌고, 4대강 사업에 밀려 정권 후반기로 갈수록 정책추진 동력이 떨어졌다.

한국은 태양광이네, 풍력이네, 녹색성장 구호는 높았지만 지금 뭐 하나 세계에 내놓을 만한 것이 없다.

박근혜 정부 들어서는 정권 초부터 개념조차 모호한 창조경제만 강조됐을 뿐 구체적인 산업정책 비전은 없었다. 이미 집권 3년이 지나 타이밍이 너무 늦었다. 독일의 인더스트리 4.0 등을 참고해 산업부가 지난해 초 실행계획을 내놓은 제조업 혁신 3.0'도 얼마나 실효성이 있는지 의구심 섞인 시각이 있다. **갈수록 정부 역할이 줄어들고 국내외 치열한 시장경제 질서가 확대되는 추세 속에서 정부의 역할은 혁신적 기업가와 같은 역할을 주도하고 있다. 미국, 독일 등의 선진국은 정부 역할을 일찍부터 정부의 민간화에 착수한 지 오래됐다**[한겨레, 이순혁 기자, 2016.1.5.].

10

한국은 지속적 안정 성장이 가능한가?

한국은 3년 한국전쟁을 겪었을 당시 세계에서 가난한 국가에 속했다. 전쟁 직후 피폐한 경제 상태는 빈궁과 가난이 지배했다. 그러나 한국은 2011년 말 1인당 실질GDP 3만 1천750달러(PPP 구매력 평가)에 도달한 나라로 성장했다.

이처럼 한 세대 동안 1인당 실질GDP 3만 1천750달러에 도달한 나라는 현재까지 대규모 개발 원조를 받은 수혜국가 중에서 한국이 유일하다. 그러기에 다수 개발도상국과 신흥국은 한국을 발전 모델로 삼고 있다.

한국은 단순히 빠른 경제성장만 달성한 것이 아니라, 민주주의의 발전도 어느 정도 이뤄냈다는 점도 주목 받고 있다. 특히 2000년대 들어서 세 번의 위기 속에서도 한국경제는 재빨리 극복했기에 더욱 빛을 발하고 있다.

한국 경제가 세계의 금융위기 때마다 타격을 크게 받았지만, 세계의 다른 어떤 부유한 국가들보다 빠르게 회복했다. 위기 속에서도 2010년 한국의 GDP는 6% 가량 성장했고 2011년에도 4% 대 성장했다. 실업률은 3%대에 불과하다.

이와 같이 급속한 경제성장을 주도한 기업들은 주로 수출 대기업들의 기여가 컸다. 이들 수출기업들은 대부분 재벌 계열 대기업들이다. 지난날 일궈낸 경제 기적은 수출 대기업, 즉 재벌의 업적이었던 것이다.

한국 대기업들은 기술적, 상업적으로 한국 경제발전의 견인차였다. 삼성그룹의 계열사인 삼성전자는 스마트폰, 판매에서 애플을 앞지르기도 했다. 현대자동차는 효율적이며 저렴한 자동차로 시장에서 도요타를 넘어섰다. 한국의 조선기업들은 규모의 경제를 통해 세계적인 경쟁자들을 능가하고 있다.

한국은 미국의 생활수준을 따라 잡아가고 있다. 중국의 1인당 GDP는 한국 수준에 도달하려면 향후 20년 동안 연간 7.5~8% 수준으로 꾸준히 상승해야 할 것으로 예측한다.

한국경제를 견인하는 대기업들은 국가 전체의 노동력 중 25% 정도를 고용한다. 국가 산업 생산에서도 50% 이상 차지한다. IMF 위기에서도 재벌들은 생존하였고 그의 견고 내성을 증명했다. 재빨리 수익성을 회복하고 부채비율을 현저히 낮췄다.

이제 한국경제는 정상에 올라온 것처럼 보인다. 그러나 한국경제의 생활환경수준과 삶의 질은 여전히 선진국에 크게 뒤 떨어져 있다. 국민경제도 장기 저성장이 지속되고 있고 성장잠재력이 계속 떨어지고 있다.

한국의 재벌들이 경제 성장에 크게 기여했다는 것을 부인할 수 없지만 대기업 집단이 낳은 부정적인 부작용은 한국경제의 골을 깊게 드리우고 있다. **대기업집단들의 불공정거래, 불투명한 회계, 불법 정치자금 등의 사건들이 매일 터져 나온다. 많은 대기업들이 창업자와 친인척에 의존하는 후진적인 기업지배구조를 안고 경영하고 있다.**

한국의 경제발전모델은 4가지 특징을 꼽는다. 생산성 높은 노동인력, 강력한 대기업, 상대적으로 취약한 중소기업, 높은 사회적 결속력을 든다. 발전의 원동력이 됐던 4가지 특성들은 이제 추진 동력을 잃은 성장의 한계에 봉착하고 있다.

가장 시급히 극복해야 할 점은 2천200시간에 달하는 한국인들의 연간 노동시간, GDP 대비 높은 교육비, 산업 관련 기술교육의 퇴보, 여성 사회참여율의 저조 등을 꼽는다. 이러한 문제점들이 우선적으로 극복되어야할 과제이다.

소득 및 부의 불평등과 가난을 줄이기 위해 공공 지출을 늘려야 한다. 소득 및 부의 불평등과 가난은 자발적인 소비수요기반을 약화시킨다. 더 많은 여성들이 일 하도록 장려해 노동 공급을 확대하는 것도 중요하다.

한국경제를 견인하는 대기업들의 후진적인 기업지배구조와 경영행태가 경쟁시장촉진적인 기업문화를 창출하는 방향으로 전환되는 것도 중요한 과제다.

국제적으로 질 높인 교육 수준과 부지런함이 유지되면, 유럽을 앞지르고 미국을 따라잡을 수 있지만 그렇지 못하면 선진국과의 간격은 더욱 벌어질 것이다. 한국은 선진국을 많이 따라잡았지만 더 이상 뒤처지지 않게 위해 지속 가능한 경제 발전 전략을 달리해야만 한다.

그러나 한국의 먼 장래는 밝지 않다. 돈 벌 수 있는 사업 분야는 대부분 대기업집단이 장악하고 있다. 일반 시민들이 벌 수 있는 사업 영역과 기회가 매우 비좁다. 창업하기도 매우 어렵다. 창업을 한다 해도 과열 경쟁에 못 이겨 파산하기 일쑤다.

한국의 미래가 선진국 수준으로 갈 수 없는 장벽 중의 하나는 자영업자 1,377만 명이 치열한 경쟁에 매달려 사는 현실이다. 한국의 자영업 현실은 경쟁이 치열해 도산하기 쉬운 경기 민감성 소수 업종에 집중된 구조이다.

생계형 자영업 가구 수는 전체 459만 가구다[2012년 기준]**. 가구 당 식구 3명꼴로 계산하면 1,377만 명이 자영업에 매달려 산다.** 이들 생계형 자영업 가구 가운데 약 30%가 연 2천609만원(월 217만원)이 안 되거나, 빚을 뺀 자산이 9천618만원에 못 미친 생계형 자영업자이다.

생계형 자영업자는 소득기준으로 145만 가구, 순자산 기준으로 128만 가구가 해당한다. 2012년 총 근로자의 평균 연봉이 2천817만원이며 자영업 가구 30% 이상의 소득이 근로자들의 평균 소득에 크게 못 미친다. 더욱이 자영업 수익구조가 점점 더 악화되는 점이다.

대형소매점 증가, 서비스업의 전문화 · 대형화, 전자상거래 확산으로 자영업자의 수익성이 지속적으로 악화하고 있다. 특히 베이비 붐 세대(1955~1963년생 · 현재 50대) 퇴직자들이 가계부채 · 교육비 부담 · 국민연금 수령까지의 소득공백 등을 이유로 소매점 · 음식점 등 진입 장벽이 낮은 업종으로 몰려들며 경쟁이 심화하고 있다[서울=연합뉴스, 방현덕 기자, 2013.3.4./한국금융연구원 임 진 ; 50세 이상 자영업자 증가 현황과 대응방안].

11

엔저(円低) 공습에 한국산 수출제품 가격 경쟁력 급락

한국 경제는 엔화의 공습이 낙하하면 한국수출 상품의 경쟁력이 크게 악화되는 취약한 경제구조이다. 엔저(円低) 공습으로 일본산 제품의 가격 경쟁력이 제고되면 한국산 제품이 중국 시장에서 위협을 받는다.

중국 내에서 배기량 1600cc 기준 현대차의 랑동(중국형 아반테)과 도요타의 콜라 값은 비슷하다. 현대차 랑동의 공식가격이 10만5800위안, 도요타의 콜라가 10만7800위안 수준이다. 문제는 '손톱'만큼의 가격 격차도 앞으로 역전될 가능성이 높다는 것이다.

중국 시장에서 제조업 2498개 품목(HS코드 6단위 기준) 중 한국산보다 값이 비싼 일본산 제품 수는 2011년 1778개에서 2014년 1540개로 238개나 줄었다. 이에 반해 값이 같은 수준의 제품은 같은 기간 407개에서 499개로 92개 늘었고, 국산이 일본산보다 값이 오히려 비싼 제품

수는 같은 기간 313개에서 459개로 145개나 늘었다[현대경제연구원; '한 · 일 제조업의 대중국 수출단가 및 수출물량 변동].

올 11월 현재 달러당 엔화 값은 120엔대로 2013년 1월보다 30%나 높아진 데 반해, 달러당 원화 값은 1140원대로 같은 기간 10% 높아지는 데 그쳤다. 이로 인해 **우리나라의 최대 수출국인 중국 시장에서 우리 제품의 가격경쟁력이 약화되고 있다.**

산업별로 살펴보면 석유화학과 금속 · 비금속 부문에서 일본 제품이 가격 경쟁력을 크게 확보했다.

석유화학 산업만 놓고 보면 국산보다 비싼 일본산 제품은 2011년 322개에서 2014년 282개로 감소했다. 또 금속 비금속 산업은 같은 기간 257개에서 210개로 줄었다.

두 산업은 상대적으로 제품의 질적 차이가 크지 않고, 공급과잉에 빠져 있는 산업이기 때문에 가격 경쟁이 극심하다.

특히 자동차를 포함한 수송기계 산업을 보면 총 27개 품목 중 국산보다 비싼 일본산 제품은 2011년 23개에서 2014년 17개로 줄어든 데 반해, 일본산에 비해 값이 같거나 국산이 더 비싼 품목 수는 4개에서 10개로 늘었다.

이 같은 현상은 수출 물량에 심각한 영향을 미치고 있다. 우리 제품의 대중국 수출 물량 증가율(전년비 기준)은 2013년 3.8%에서 2014년 -0.3%로 마이너스로 돌아섰다. 이에 비해 일본 제품의 대중국 수출 물량 증가율은 2013년 1.6%, 2014년 1.4%를 기록했다.

그 여파로 국내 제조업 매출 증가율(전년비 기준)이 2014년 -1.6%를 기록한 데 반해 일본은 2.8% 증가했다.

중국 경기가 둔화되고 있는 데다, 자국 제품 선호 현상마저 있어 우리 제품에 대한 수요가 줄 가능성이 크다.

한국정부는 단기적으로 수출 중소기업에 대한 지원을 강화하는 한편 중장기적으로는 연구 개발 등을 통해 비 가격적 측면에서 경쟁력을 갖추지 않으면 앞으로 더욱 더 밀리게 될 것으로 보인다.

2015년 1-9월 중국 전체 수입 중 한국이 차지하는 규모는 10.5%로 2014년 같은 기간 9.7%보다 소폭 늘었다. 이는 중국과 일본 간 정치적 문제인 위안부와 센카쿠 열도 분쟁 등이 격화된 데 따른 영향으로 보인다. 그러나 시간이 지나면 엔저 효과가 더욱 두드러지게 나타날 것이다 [매일경제, 이상덕 기자, 정의현 기자, 2015.11.8.].

12

긴 노동시간 – 가계소득 감소 – 소비 여력, 내수기반 취약

한국 노동가계의 근로시간은 선진국보다 훨씬 길다. 하지만 한국 노동자들은 힘겹게 돈을 벌어도 지갑에 들어오는 돈은 늘 부족하다. **근로가계는 임금인상률 증가율의 둔화 등으로 근로소득이 정체돼 있고, 생활물가의 상승에다 세금 연금 각종 공과금 등 비 소비지출이 크게 늘면서 가처분소득이 뚝뚝 떨어지고 있기 때문이다.**

여기다 가계부채는 좀처럼 줄어들지 않으면서 소비여력을 더욱 둔화시키고 있다. 이 같은 상황에서 저축은 꿈도 꾸지 못한다. 소비만 줄면서 가계 경제의 활력은 선진국보다도 더욱 빠르게 쇠락해가고 있는 것이다[이데일리 최정희 방성훈 기자, 2013.3.18.].

우리나라 가계소득이 국민총소득(GNI)에서 차지하는 비중은 외환위기 전인 1995년 70.6%였다. 2012년에는 62.3%로 8.3%포인트 급감했다.

이는 경제협력개발기구(OECD) 평균하락폭(4.1%포인트, 2011년 기준)보다 배가량 빠른 추세다.

특히 2000년대 이후에는 이 같은 현상이 더욱 심해졌다. **가계소득 비중이 줄어드는 속도는 OECD회원국 중 헝가리, 폴란드에 이어 세 번째로 빠르다**[이데일리 최정희 방성훈 기자, 2013.3.18./ 우리금융연구소].

반면 가계 빚은 주요 선진국들보다 더 빠르게 늘고 있다. 지난해 가계신용(가계대출+판매신용)은 1021조3383억원으로 1000조원을 넘어섰다. 10년 전보다 두 배 이상 늘었다. **가처분소득 대비 가계부채 비율은 2003년엔 126.5%에 불과했으나 2012년 말 163.8%까지 급증했다. 일본(132%), 미국(120%), 영국(160%)은 물론, OECD평균(136%, 2011년)보다 무려 28%포인트 가량 높은 수준이다.**

소득보다 부채가 더 빠르게 늘다보니 가처분소득은 줄어드는 추세다. 국내총생산(GDP)에서 가계소비가 차지하는 비중은 2000년 54%에서 지난해엔 49%로 하락했다. 가계소비의 성장기여도도 1990년대 4%포인트에서 금융위기 이후 1%포인트대로 내려앉았다. 그러다보니 가계의 저축 여력도 떨어 질 수밖에 없다. 가계순저축률은 1998년 23.1%에서 2012년 3.8%로 급락, OECD평균(5.3%, 2011년)에도 미치지 못한다.

가계경제의 전반적인 활력 저하는 경제성장을 가로막는 장애 요인이다. 민간소비 회복이 정체되는 것은 내수부진의 직접적인 원인이다. 경제성장을 통해 기업에서 창출된 소득이 가계부문으로 원활하게 유입 배분되지 못하면서 기업과 가계 간 불균형 성장이 지속돼온 것이다. 가계로 유입되는 소득 비중은 줄어드는 반면, 가계부채, 주거비 등 고정비 성격의 지출은 늘고 있어 소비여력은 계속 축소되고 있는 것이다.

13

한국의 경제성장은 위기인가 한계인가?

한국경제는 1997년 외환위기 직전, 2008년 글로벌 금융위기 직전, 2013년 3분기 17개 분야 경제지표 비교 분석을 통해 볼 때 상황이 안 좋은 방향으로 흐르고 있다. 1997년 1월 재계 14위였던 한보철강의 부도는 당시 산업계 도미노 위기를 예고하는 전주곡이었다. 개발경제 시대에 익숙해져 온 몸집 불리기, 차입경영이 화근이었다.

외환위기 여파로 국내 은행들이 문을 닫자, 차입비중이 높은 큰 기업들은 맥없이 나가떨어졌다. 기아자동차, 진로, 삼미 등 유수의 기업들도 도미노 현상을 피하지 못하고 부도를 비껴가지 못했다. 국제통화기금(IMF) 관리 체제 후에도 이 같은 위기 상황은 지속됐고, **1999년에는 대우그룹이 부도를 내기에 이르렀다**[아시아경제, 2013.12.31].

이후 10여년이 지난 2008년 9월15일. 미국의 리먼브러더스가 파산을 신청했다. IMF 외환위기 학습효과도 잠시, 성동조선해양은 급속히 얼어

붙은 해운상황과 파생상품 손실 등이 겹쳐 결국 유동성 위기를 맞이했다. 엎친 데 덮친 격, **2010년부터 본격화된 유럽 발(發) 재정위기는 미국, 유럽을 비롯한 주요국들의 양적완화 정책을 이끌어냈지만 글로벌 경기는 여전히 저성장 기조를 벗어나지 못했다.**

금융위기 이후 5년여가 지난 현재 국내에서는 또 다른 위기의 신호들이 감지되고 있다. 이른바 '산업위기', 외환위기와 달리 외환보유고도 충분하고, 글로벌 금융위기 대응으로 기업들의 유보율도 낮지 않지만 기업 심리는 외환위기, 금융위기 수준만큼 떨어져있다. STX그룹, 동양그룹은 지난해 그룹 해체 작업에 돌입했다.

이와 같이 과거에 겪었던 1997년 외환위기 및 2008년 금융위기 직전과 지난해 3분기(최근) 주요 거시경제지표 및 기업신용수준 등을 보면 최근 지표가 두 차례 위기 상황과 닮은 점이 많은 것으로 나타났다. 특히 어려운 경영환경 극복 의지를 가늠할 수 있는 기업인들의 심리 또한 당시 두 차례 위기 상황과 비슷한 양상을 보였다.

우선 올해 산업위기를 예상케 하는 대표적 지표들이 나타나고 있다. 외환위기 · 금융위기 직전보다 더 취약해진 국내 거시경제 지표, 금융위기 수준에 육박한 회사채 신용등급 강등 기업 숫자, 잠재성장률을 밑도는 내년 경제성장률 전망치, 일본의 아베노믹스로 대표되는 주변국의 경제정책 등이 대표적 징후(지표)들이다[아시아경제, 임선태 기자].

미국 연방공개시장위원회(FOMC)가 예고한 대로 글로벌 금융위기를 진화해 온 미국의 양적완화 정책이 올해부터 축소 기조로 돌아서면 국내 산업의 버티기 능력은 본격적으로 시험대에 오를 것이다. 금융 · 주식시장에서 외국자금 유출이 가속화되면 기업들은 유동성리스크에 시달릴 수 있다.

1997년 외환위기, 2003년 카드대란, 2008년 금융위기 등 우리나라 경제는 5~6년 간격으로 중대한 위기를 맞이했다. 2014년이 금융위기가 발생한 지 6년째에 접어들면서 올해 우리경제에 대한 불안이 덮고 있으며, 산업 구조적인 위기가 발생할 조짐이기 때문이다.

다음은 외환 · 금융위기 직전보다 악화된 거시경제지표이다. 대표적인 거시지표인 저성장 · 저소비 · 저고용 · 저투자가 압도하는 분위기이다. 실제로 주요 경제지표 17개 분야를 보면 현실을 그대로 보여주고 있다. 우리나라 거시경제 수준은 IMF(국제통화기금) 관리 시절, 금융위기 직전보다 더 취약한 상태다. 제조 · 서비스업의 발전을 기반으로 한 경제의 성장률은 더욱 낮아졌고, 낮은 투자가 고용률 하락으로 이어져 민간소비는 위축됐다. 침체된 세계경제성장률은 수출 전망까지 어둡게 하고 있다.

최근(지난해 3분기) 경제성장률(3.3%)과 민간소비증가율(2.1%)은 외환위기, 금융위기 직전인 1997년 3분기, 2008년 2분기보다 낮다. 두 지표 모두 외환위기 직전 수치(경제성장률 6.6%, 민간소비증가율 6.2%)와 비교할 때 절반 수준 정도다.

미래 잠재성장을 담보하는 설비투자와 국내총투자는 금융위기 직전보다 소극적이다. 지난해 3분기 설비투자증가율이 1.5%에 그친 반면 금융위기 직전인 2008년 2분기 설비투자증가율은 2.0%로 집계됐다. 3분기 26.2%에 그친 국내총투자율은 1997년 3분기(35.5%), 2008년 2분기(31.6%)보다 낮았다.

세 번째 변수로 기업 실적과 환경이 좋지 않다. 금융위기보다 더 많은 기업의 신용등급이 강등되고 외환위기 이후 첫 상·하향 기업 수의 역전현상이 나타나고 있다. 기업 신용등급도 줄줄이 하향되고 있는 흐름이다. 강등 기업 숫자는 글로벌 금융위기 때를 이미 웃돌았다. 경기한파로 기업들의 실적 악화가 계속되는 가운데, STX그룹·동양그룹 등 대기업이 줄줄이 무너지면서 자금시장까지 얼어붙는다.

회사채 신용등급이 강등된 기업은 2013년 12월 기준 총 36개사다. 이는 글로벌 금융위기가 한창이던 2008년 32개사를 웃도는 수치다[나이스신용평가; 2013년 회사채 신용등급 하향 조정 기업 조사]. 특히 지난해 하반기에만 총 25개사의 신용등급 강등이 집중됐다. 현대엘리베이터, 현대상선, 한진해운, 대한전선이 대표적이다. 이들 기업은 각각 A, A-, A-, BB+등급에서 A-, BBB+, BBB+, B+ 등급으로 하향 조정됐다. 현대산업개발, 포스코엔지니어링, 한라 등 대기업 계열의 건설사 신용등급도 줄줄이 강등됐다.

특히 신용등급 강등 기업에 대기업 그룹사가 대거 포함된 데 우려스럽다. STX, 동양그룹 등 지난해 법정관리에 들어간 그룹 계열사 외에도 현대, 한진, 동부그룹 등 대기업 계열사의 신용등급이 줄줄이 강등됐고

업황 침체가 장기화된 건설, 조선, 해운업계의 실적 하락에 따른 유동성 위기도 대기업을 흔들고 있다.

신용등급 상향 조정 기업(30개사)과 하향 조정 기업(36개사) 간 역전 현상도 지난해 하반기 일어났다. 외환위기 직후인 1998년 이후 15년여 만의 일이다. 1998년에는 신용등급 상향 기업이 3개사로 하락 기업(61개)에 크게 못 미쳤다.

네 번째로 엔화가치 급락은 외환위기, 금융위기 때 없었던 변수로 우리 수출경제를 흔들 수 있다. 여기에 일본경제 회복이 국내 산업에 지속적인 부정적 영향을 무시할 수 없다. 원화와 엔화의 실질실효환율 격차는 지난 2012년 12월 22.1p에서 지난해 8월 기준 31.8p로 확대됐다. 환율 변동은 한국기업이 일본기업에 비해 국내생산이 불리하게 만들고 있다[현대경제연구원].

대일 수출 부진에 따른 대일 무역수지 적자도 확대됐다. 대일 **수출은 지난해 2월부터 두 자릿수 감소세가 7개월 연속 지속됐고, 무역수지 적자 규모는 지난 2012년 12월부터 지난해 8월 누적 기준 전년 동기 대비 3억 달러 증가했다. 엔화가치 하락으로 일본 기업들의 실적이 개선되면서 주식시장에서 일본자금 유출되고 있다.** 지난해 7월까지 국내 유입된 일본계 자금은 주식시장에서만 3970억원 정도 빠져나간 것으로 추정한다.

미국 · 중국 · 유럽 등에서 주요 수출 산업의 대일 수출경쟁력도 부분적으로 약화된 것으로 보인다. 향후 아베노믹스가 계속 가속화하고 엔저와 함께 일본의 산업경쟁력에 국내 대응책이 마련되지 않으면 한국이 불리해지기 마련이다. 국내산업의 수출경쟁력과 경영여건이 개선되지 않으면 대일 무역적자는 계속 늘어날 것이다.

14

한국 경제 성장 – 주력 산업의 동요

한국 경제의 버팀목 역할을 해온 휴대전화 · 조선(造船) · 석유화학 · 자동차 · TV 등 5대 주력 산업이 흔들리고 있다. 이 업종들의 매출액 증가율과 영업이익률이 모두 급락하고 있다[조선일보 신은진 기자, 2014.10.20/ 전국경제인연합회: 5대 산업 관련 176개 국내기업 영업 실적 분석].

휴대전화의 경우 2012년 72%, 지난해 31%였던 매출액 증가율이 2014년 상반기에 -9.4%로 떨어졌다. **2012년 2.1%이던 조선 산업 매출액 증가율은 지난해 0.3%에서 올 상반기 -0.9%가 됐다. 영업이익률은 4.1%(2012년)→2%(지난해)→-3.6%(올 상반기)로 악화됐다.** 2014년 상반기에만 현대중공업그룹은 1조3000억 원, 삼성중공업은 1000억 원대의 영업 적자를 각각 냈다.

지난달 국가별 **선박 수주량에서 우리나라는 중국 · 일본에 뒤져 3위로 밀렸다.** 세계 1위이던 한국 조선업의 영화(榮華)가 끝날지 모른다는 우려가 나온다.

그나마 사정이 괜찮은 **자동차산업의 매출액 증가율도 10.5%(2012년) →5.2%(지난해)→1.5%(올 상반기)로 매년 낮아지고 있다.** 2013년 국내 대기업 매출 증가율은 2012년과 비교해 0.3%에 그쳤다[한국은행; 2013년 기업 경영 분석]. 이는 글로벌 금융 위기 충격으로 기업 활동이 위축됐던 2009년(0.7%) 보다 더 낮은 것이다.

이런 현상은 세계경제의 저(低)성장이 장기화되는 데다 부흥하는 일본과 약진하는 중국 사이에 낀 '샌드위치 상황'등이 주요 원인으로 꼽는다. 여기에다 2011년부터 30대 그룹으로 진입하는 중견 기업이 전무(全無)할 정도로 경제적 역동성이 약화된 탓도 있다[조선일보 신은진 기자, 2014.10.20].

15

한국의 세계적인 위상

한국의 세계적인 위상 International rankings of South Korea을 국제적인 시각에서 비교해 볼 때, 중국은 4년 뒤 미국을 앞질러 세계 최대 경제 강국을 바라보고 있다. 구매력평가(PPP) 기준 **국내총생산(GDP) 규모에서 중국이 2017년 미국을 앞질러 세계 최대 경제국이 될 것이다. 이어 미국, 인도, 브라질, 일본 순으로 5위권을 형성할 것이다.**

또 러시아, 멕시코, 인도네시아, 독일, 프랑스 등이 상위 10위권에 포함돼 세계 경제 흐름이 유럽에서 아시아로 이동하고 있다. 이탈리아와 영국은 세계 경제 순위 10위권 밖으로 밀려났다. 호주는 20위권이다.

가까운 장래에 브라질, 중국, 러시아, 인도, 인도네시아, 멕시코, 터키 등은 E7(신흥 7개국)에 포함될 것이다. 미국, 독일 등 G7(선진 7개국)이 밀려난 자리를 E7이 대신할 것으로 전망 된다[한경닷컴 최수아 인턴기자, 2013.1.18./글로벌 회계 업체인 프라이스워터하우스쿠퍼(PWC); 2050년의 세계].

한국의 경제성장은 소수 주력 기업이 견인하고 있는 상황이다. 소수

주력 기업들은 대부분 재벌 집단 계열사들이다. 2014년 3분기의 경우, 한국경제는 삼성전자가 3분기 실적 충격에 휩싸이자 제조업 전체로 위기가 번지면서 성장의 엔진이 꺼지지 않을까 걱정하였다. 지속하고 있는 엔저 현상에 수출을 주력으로 하는 자동차, 정유, 중공업 등 다른 대부분 업종도 타격을 입으며 동반 어닝 쇼크가 현실화할 가능성이 크기 때문이다[서울=연합뉴스 산업팀, 2014.10.07].

삼성전자와 함께 한국 경제의 양대 축을 이루는 현대자동차는 **엔저의 충격**으로 3분기 실적도 밝지 않다. 현대차의 3분기 영업이익 추정치는 평균 1조9천130억원에 그쳐 지난해 동기보다 4.8%, 전분기보다 8.4% 각각 감소할 것으로 관측한다.

신차 출시로 인한 가격인상 효과와 생산 증가, 해외법인 생산량 증가 등은 우호적으로 작용하고 있으나 **엔저가 이어지며 실적에 부정적인 영향을 미칠 것이다. 실제 엔저로 인한 가격 경쟁력 약화는 현대차의 해외 판매에 직격탄이 되고 있다.**

현대 · 기아차는 **지난 8월 미국 시장에서의 점유율이 5개월 만에 8% 아래로 밀리며 고전하고 있다. 이에 비해 경쟁업체인 도요타의 판매량은 지난해 8월보다 6.3%, 닛산은 11.5% 늘며 승승장구했다.**

2분기 잇따라 영업 손실을 기록한 **정유업계도 정제 마진 약세와 국제유가 하락 여파로 3분기 역시 적자를 낼 것이다.** SK이노베이션 318억원, 에스오일이 514억원의 영업손실을 낼 것으로 추정했다. 2분기에 SK

이노베이션은 502억원, 에스오일은 545억원의 영업손실을 각각 기록했다[이트레이드증권].

국내 도입 원유의 약 80%를 차지하는 중동산 원유의 대표 유종인 두바이유는 6월 배럴당 107.9달러에서 9월 배럴당 97.2달러로 하락했다. 두바이유 가격은 7일 현재 배럴당 90.14달러를 기록해 90달러 선도 무너질 위기에 처했다. 국제유가 하락 행진이 이어지면서 업계는 앞서 더 비싼 값에 구매했던 재고 원유에서 대규모 평가손실을 입을 전망이다.

반면 업계가 정유 사업 손실을 만회하기 위해 앞 다퉈 설비 투자를 진행, 생산에 나선 파라자일렌(PX) 시세는 2분기 t당 326달러에서 3분기 402달러로 올라 화학 부문에서는 어느 정도 실적 회복이 이루어질 것으로 보인다.

2분기 1조1천37억 원의 영업 손실을 기록, 회사 창립 이래 최대 폭의 적자를 내고 비상경영 체제에 들어간 **현대중공업**은 3분기에는 손실 폭을 줄일 것으로 보이지만 여전히 적자를 벗어나지는 못할 전망이다. **현대중공업의 3분기 영업적자를 1천150억원으로 추정했다**[우리투자증권].

현대중공업은 하반기 해양 부문에서 수주 실적을 확대하고, 조선 부문에서도 액화천연가스(LNG) 수송선 등 고수익 선박의 매출을 늘릴 계획이다. 조선 부문의 대규모 충당금도 2분기 실적에 반영해 부담을 덜었다. 2분기 말 1천12원에 불과했던 원·달러 환율도 6일 현재 1천69원으로 올라 수출 중심의 사업 구조에 힘을 실어줄 것으로 보인다.

반면 **철강 분야는 실적 개선이 기대돼 희비가 엇갈린다.** 포스코는 장기간 글로벌 철강경기 불황의 영향을 받으며 사업에 어려움을 겪었지만 원료가격 하락 효과 등에 따라 작년보다 상당히 개선된 수익을 거둘 것으로 예상된다.

포스코가 이번 3분기에 작년보다 40% 안팎으로 늘어난 영업이익을 거둘 것으로 업계는 전망한다. 포스코의 3분기 영업이익이 2013년 같은 기간보다 43.8% 늘어난 9천100억원에 달할 것으로 내다봤고, 포스코의 별도 기준 영업이익이 38.5% 증가한 6천132억원이 될 것으로 예상했다[대신증권/연결기준/이트레이드증권].

업계에서는 4분기에도 원료 가격이 오를 가능성은 낮은 데다 고부가가치 강재 중심의 판매 전략을 확대하고 있는 포스코의 경영 전략을 감안할 때 실적 개선 추세가 이어질 것으로 본다.

이처럼 민간경제가 절름발이처럼 뒤뚱거리는 상황을 고려해 정부의 인위적인 경기진작책을 수해 동안 되풀이 해 폈음에도 불구하고 장기침체 가능성이 높아지고 있다. 소비자물가가 23개월 연속으로 1%대 수준에 머물고, 8분기 연속으로 실제 성장률이 잠재 성장률을 밑도는 현상이 지속되는 등 한국경제의 저성장 · 저물가 고착화가 현실화 수 있다고 보여진다[문화일보, 김충남 기자, 2014.10.07].

16

환율 변동에 취약한 한국 경제 성장

한국경제는 해외수출에 크게 의존한다. 한국의 경제성장은 수출 의존도가 매우 높다. 한국의 경제성장은 환율변수에 민감하게 교란된다. 한국이 독자적으로 대미 달러 환율을 조정할 수 있는 처지도 아니고 또한 독립적인 금융정책을 펼 수 있는 처지도 아니어서 더욱 어려움이 가중된다.

각국의 환율정책이 국제 환경의 수급조절에 의해 균형추 역할을 하는 것이 아니라 오히려 불균형을 왜곡하는 것은 각국 중심의 국가정책 때문이다. 여기서 빚은 환율 급등락은 한국의 경제성장을 끊임없이 위협한다.

한국의 원화가 2014년 하반기 들어 미국 달러화에 비해 사실상 가장 강한 모습을 보였다. 통화가치 약세를 통해 경기를 부양하려는 **'글로벌 환율전쟁'**이 확산되고 있다[서울=연합뉴스 추승호 기자, 2014.9.17].

유럽중앙은행이 통화완화 정책을 발표한 2014년 6월 4일 이후 지난

12일까지 주요 32개국 통화의 미 달러화 대비 통화가치 변화율을 보면 원화는 -0.9% 변동해 소폭 절하됐다. **원화보다 절하율이 낮거나 오히려 절상된 통화도 8개였지만 모두 환율 변동 폭이 상대적으로 제한된 바스켓 · 페그제를 채택하고 있거나, 기준금리 인상 이슈가 있는 국가의 화폐였다.** 중국 위안화(1.9%)와 홍콩 달러화(0.0%), 싱가포르 달러화(-0.4%)는 페그제 · 바스켓 환율제도를 갖고 있다.

또 말레이시아 링깃화(1.3%), 필리핀 페소화(-0.2%)는 7월 이후 한두 차례 기준금리를 올렸고, 태국 바트화(0.2%), 인도네시아 루피아화(0.6%), 대만 달러화(0.2%)는 내년 1분기 내 기준금리 인상 이슈를 갖고 있다.

한국은 오히려 8월 기준금리가 인하된 점을 감안하면, 원화가 사실상 하반기 들어 가장 강세를 띤 것으로 해석할 수 있다. 원화는 7월에 기준금리를 인상한 뉴질랜드 달러화(-3.3%), 남아프리카공화국 란드화(-2.3%), 콜롬비아 페소화(-5.0%)보다도 통화가치 절하율이 낮았다.

24개국 가운데 절하율이 가장 컸던 통화는 러시아 루블화(-7.2%)였고 이어 스웨덴 크로나화(-6.7%), 칠레 페소화(-6.6%)의 순이었다. 유로화는 -4.7%, 일본 엔화는 -4.3%, 영국 파운드화는 -2.8%의 절하율을 기록했다.

한 동안 잠잠하던 글로벌 환율전쟁은 6월 유럽중앙은행(ECB)이 각종 통화완화 정책을 통해 적극적인 경기 진작에 나서자 유로화가 약세를 보이면서 재연되는 양상을 보였다.

① 글로벌 환율전쟁의 주고받는 파급효과

일본은행이 "2% 물가목표 달성이 어려우면 즉각적인 통화완화책을 내놓을 수 있다"고 언급하면서 '환율 전선'은 이제 일본을 거쳐 신흥국으로까지 확산됐다.

미국의 양적완화 축소 정책의 부정적 여파가 신흥국에 타격을 주고 다시 쇼크 받은 신흥국의 경제 위기가 선진국으로 재 파급된다. 이와 비슷하게 구미 선진국 시장에서 초래된 환율 등락이 신흥국으로 파급되는 역 파급효과다.

중국, 일본, 미국, 유로 등의 화폐가치 급등락 변동이 원화가치 급등으로 이어지고 이것이 한국경제에 부정적인 영향을 미치면서 한국의 해외수출이 줄어드는 효과를 유발하는 것을 역파급효과가 나타날 수 있다. 이러한 역 파급효과는 특히 아시아 국가 경제에도 적지 않게 영향을 미칠 것이다.

일본의 엔화는 세계통화로서 세계 도처에서 사용되고 강력한 일본 경제의 위상을 상징하고 있다. 엔화 가치는 일본 경제 자체의 변화에도 의존하지만 세계경제의 상황에 따라 변동한다. 최근 또 다시 엔화 가치 하락이 이어질 것으로 내다보고 있다.

2015년엔 달러-엔 환율이 평균 109엔대를 보일 것으로 예상되지만, 이보다 더 상승해 116엔까지 오를 것으로 전망한다. 더 암울한 전망도 나온다. 미국이 돈 풀기 정책을 끝내면서 슈퍼 달러 시대가 열린 만큼 달러-엔 환율이 140엔대까지 치솟고, 원-엔 환율이 800원대로 뚝 떨어질 가능성이 제기된다. 엔화 가치가 계속 하락하면 2015년 한국의 경제성장률이 0.3%포인트 가량 하락할 것으로 전망한다. 우리나라 경제성장에 타격이 불가피할 것이란 예상이다[이데일리 조진영 기자, 2014.9.25].

② 수출경합도 증가와 치열한 시장경쟁

달러-엔 평균 환율이 2015년 116엔을 기록할 경우 한국의 경제성장률이 0.27%포인트 하락할 것이다. **2015년 달러-엔 환율이 116엔을 기록할 것으로 가정하고 분석한 결과 상품 수출 증가율은 1.14%포인트 하락하고, 수입은 0.15%포인트 감소한다.**

한국과 일본 간 수출경합도가 날로 증가하는 추세이다. 주요 수출산업인 컴퓨터, 정밀기기, 통신기기 등에서 일본 제품에 비해 우리나라 제품의 가격경쟁력이 하락할 우려가 있다. 대 엔-원 환율의 추가 하락에 따라 일본의 수출은 추가 프리미엄을 단기에 얻을 것이다.

엔저는 소비에도 부정적인 영향을 미친다. 민간소비는 성장 둔화와 고용 감소로 0.11%포인트 하락할 것이다. 그나마 설비투자는 이자율과 수입 자본재 가격 하락으로 0.8%포인트 상승한다.

만약 중장기적으로 달러-엔 환율이 최대 140엔까지 오르고, 이에 따라 원-엔 환율이 800원대로 추락하면 한국경제는 더 큰 쇼크를 받을 것이다. 다소 극단적인 전망이지만 중장기적으로 엔-달러 환율이 130엔~140엔 수준까지 상승할 경우 원-엔 환율도 800원대 수준까지 하락할

가능성이 있다.

세계경제는 지금 슈퍼 달러시대를 열고 있다. 1994년 미국 정책금리 인상 이후 시작된 2차 달러 강세국면과 최근 상황이 유사한 국면이 벌어지고 있다. 일본이 미국과 달리 돈을 계속 풀어댈 가능성이 높아져 엔화의 추가 약세로 이어질 것이다. 반면 원화는 상대적으로 강세를 띨 것이다.

한국은 경상수지 흑자기조와 상대적으로 높은 국가 신용등급을 가지고 있어 이머징(신흥국) 통화 중에서 주요경제지표가 가장 양호하다. 경상수지 흑자기조와 상대적으로 높은 국가 신용등급 그리고 양호한 주요 거시지표 등으로 원화의 위상이 강화될 전망이 높다.

이 같은 상황 속에서 엔저가 가속화 될 경우 통화당국은 원-엔 환율을 일정 수준에서 방어하기 위해 외환시장에 개입하거나 추가 금리 인하를 시도할 가능성도 있다[이데일리 조진영 기자, 2014.9.25].

③ 과거 고환율경제와 최근 저환율경제

한국 경제는 약(弱)달러 · 엔고(高) 때 잘 먹고 잘 살았다. 강(强)달러 · 엔저(低) 시기에는 치명타를 입었다. 2001년 이후 이어진 달러 약세-엔 강세기 때 한국 경제는 연평균 15%씩 수출이 늘었다.

1985~1995년 달러 약세 시기에도 경제가 급성장했다. 이와 달리 과거 두 차례 겪은 외환 · 금융위기는 미국의 금리 인상, 그에 따른 엔저

가 결정타였다. 1994년 미국이 기준금리를 3%나 올린 여파로 원화 대비 엔화는 1997년 초까지 30% 넘게 하락했다.

한국은 경상수지 적자가 확대되면서 외환위기를 맞았다. 2004~2005년엔 미 연방준비제도 (Fed)가 기준금리를 4.25%나 올렸다. 엔화 가치는 이때부터 2007년까지 원화 대비 45% 넘게 하락했다. 한국 경상수지는 이듬해 적자로 전환됐고, 외화유동성 위기에 빠졌다.

이제는 약세 달러가 강 달러로 변신했다. 달러 환수 정책에 반전한 강 달러에 주요국 통화는 삽시간에 약세로 돌아섰다. 시장은 달러가 이미 중장기 강세 국면에 진입한 것으로 본다.

가뜩이나 경제가 어려운 주요 선진국과 신흥국은 이번 기회에 자국 통화 가치를 더 내려 수출이라도 늘려 보자는 통화전쟁이 벌어지고 있다. 미국 정부는 강 달러를 용인한다. 마치 시장의 재 균형에 내 맡겨야 한다고 주장한다. 그러면서 다른 나라의 통화 절하 시도하는 인위적인 개입에는 경고를 보낸다.

미국은 무역흑자를 내는 한국이 외환시장에 심하게(heavily) 개입하지 말 것을 경고한다. 미국은 EU와 중국에도 같은 경고를 보냈다. 잠잠하던 외환시장이 다시 전쟁터로 변하고 있다. 금융시장 전반이 환율 변동에 곤혹을 치루고 있다.

위안화 가치까지 하락 조짐이고 엔저는 더 심각하다. 2012년 중순 이후 엔화 가치는 원화 대비 60% 가까이 떨어졌다. 앞으로 더 떨어질 가능성이 크다. 달러 · 엔도 모자라 위안 · 유로화 움직임도 한국을 압박한다.

달러 강세에 그나마 맞섰던 위안화 가치가 하락할 조짐을 보인다. **유로화 역시 유로존의 디플레이션 우려 속에 가치가 뚝뚝 떨어지고 있다.** 특히 두 곳은 과거에 비해 우리나라의 수출입 비중이 크게 늘어난 지역이다. 이번 환율 쇼크가 예전보다 더 충격적일 수 있다.

문제의 발단은 달러다. 올 1분기 경기 위축 조짐에 약세 · 안정세를 보였던 달러는 이후 개선된 미국 경기지표가 속속 발표되면서 올 하반기 강세로 전환됐다. **내년 기준금리 인상 기대감과 유로존 · 일본의 추가 양적완화 전망은 달러 가치를 더 밀어 올리는 지렛대였다.**

언제까지 강 달러 기조는 이어질까. 최근 달러 가치는 방향을 종잡을 수 없이 등락을 반복한다. 하지만 달러가 중기적으로 강세 국면에 진입했다는 데 이견은 거의 없다. 미국 경제가 상대적으로 좋고, 환율 변동의 여러 요인이 강 달러를 지지하고 있기 때문이다.

중장기적으로 달러 강세 불가피하다고 내다본다. 시장은 내년 미국의 기준금리 인상을 기정사실로 본다. **금리 인상을 앞둔 시점에서는 실제 인상 시점에 비해 시중 금리와 달러 가치가 먼저 오르게 된다. 기대가 시장에 선 반영되는 것이다.**

④ 달러가치 급등락 속 한국경제의 불확실성 고조

넓은 의미에서 미국의 금리 인상 과정이 이미 시작된 것으로 이해할 수 있다. 실제로 단기 금리인 미국 2년 만기 국채수익률은 지난해 말 이후, 1년 만기는 올 6월 이후 상승세를 보이고 있다.

미국의 재도약도 달러 강세에 힘을 싣는다. 과거 데이터를 보면 미국경제가 다른 나라보다 잘 나갈 땐 달러가 장기적인 강세를 보였다. 유로존과 일본의 경기 부진이 길게 이어지고, 신흥국 역시 저성장에 진입했다는 전망이 압도적이기 때문에 달러 강세는 불가피해 보인다.

문제는 원화다. 달러 강세 속에 주요 선진국과 신흥국 통화는 일제히 약세로 돌아섰다. 전망 역시 강 달러로 모인다. 그런데 유독 원·달러 환율 전망은 극과 극이다. 최근 외국계 투자 은행(IB) 40곳이 내놓은 원·달러 환율 전망치를 보면 절반은 원화 강세, 절반은 원화 약세를 점쳤다.

모건스탠리·바클레이스·HSBC 등은 4분기 환율 전망치를 달러당 1050~1070원으로 제시해 환율 상승(원화 약세)에 베팅했다. 이와 달리 ABN암로·스탠더드앤차타드·소시에테제네랄 등은 환율이 하락(원화 강세)할 것으로 봤다.

전망치는 1015~1030원이다. 올 6~9월 러시아(-14%)·브라질(-9.5%)·일본(-7.5%)·유로(-7.4%)·영국(-5.1%) 등 주요국 통화는 달러 대비 대폭 절하됐지만, 원화 (-3.9%)는 상대적으로 절하 폭이 작았다. 이런 추세는 계속될 전망이다.

만약 달러 강세 기조 속에서 원화가 소폭 절상되고, 다른 나라 통화들이 달러 대비 약세를 보이면 원화 강세는 더 확대된다. 수출에 악영향은 불가피하다.

엔저 쇼크는 앞으로가 더 걱정이다. 양적 완화 정책을 종료하고 기준금리 인상 시기를 재는 미국과 달리 일본은 추가 양적 완화를 고민하는 처지다. 달러 대비 엔화 가치가 더 떨어질 수밖에 없다.

이 경우 재정환율인 원 · 엔 환율 하락(원화 강세)은 피할 수 없다. 일각에서는 내년 엔화 대비 원화 가치가 10% 이상 절상될 수 있다고 전망한다. 실제로 6~9월엔 · 달러 환율 상승폭은 원 · 달러 상승폭보다 2배가량 컸다. 엔화 가치가 원화보다 2배 가까이 떨어졌다.

다소 극단적인 전망이지만 원 · 엔 환율은 800원대 수준까지 하락할 수 있다. 10월 16일 기준 원 · 엔 환율은 100엔당 1000.28원이다. 그나마 지금까지는 엔저 쇼크가 한국 경제에 미치는 영향은 제한적이었다. 대일본 수출은 많이 감소했지만, 일본에서 부품을 수입하는 기업들은 엔저 혜택도 봤다. 일본과 수출 경합을 하는 제3국에서도 엔저 영향은 그리 크지 않았다.

이유가 있다. 일본 기업들은 엔저로 가격 경쟁력이 개선(달러 표시 수출가격 하락)됐지만, 수출 물량이 큰 폭으로 늘지는 않았다. 또한 일본

기업들은 채산성을 중시하면서 수출 가격 인하에는 다소 소극적이었다. 우리 기업들 역시 수익은 다소 떨어지더라도 달러 표시 수출 가격을 조정하면서 수출 물량을 유지할 수 있었다. 환율 변동이 무역수지에 영향을 미치는데 시차가 있다는 점도 작용했다.

하지만 엔저가 지속되면 진짜 쇼크가 올 수 있다. 내년이 분기점이 될 것 같다. 일본 기업들이 엔저 강화·장기화를 확신하며 수출 가격을 대폭 내리면 우리 기업들은 직격탄을 맞게 된다.

더욱이 **글로벌 금융위기 이후 우리나라와 일본의 수출 경합도는 최고 수준에 올라 있다. 우리 수출 상위 100대 품목과 일본 100대 품목 중 55개가 중복된다. 중복되는 품목이 우리나라 총수출에서 차지하는 비중은 54%다. 앞으로 달러 대비 엔화 가치가 5.4% 절하되고, 이에 따라 엔화 대비 원화가 5.3% 절상(엔화 가치 하락)되면, 우리나라 경상수지는 68억 달러 축소될 전망이다. 엔저가 지속되면 국내 기업은 수출 가격을 내려 수출은 유지하겠지만 원화 표시 순이익이 대폭 낮아지면서 국내 경기에 악영향을 미칠 것이다.**

⑤ 유로-달러 환율쇼크

유로화 움직임 역시 한국에 부정적이다. 최근 유로·달러 환율은 2012년 8월 이래 최저인 유로당 1.27~1.30달러 안팎에서 거래된다. 전망은 더 어둡다. 독일 도이체방크의 유로화 전망 보고서에 따르면 2017년에 유로화 가치는 달러와 1:1 등가가 되는 패리티(parity)까지 떨어질 가능성이 있다.

이 전망이 맞는다면 달러 대비 유로화 가치가 지금보다 20% 넘게 하락한다는 얘기다. 골드먼삭스 역시 '최근 유로 약세는 장기적 추세의 시작'이라며 향후 6개월 환율을 유로당 1.25달러, 내년 말은 1.15달러로 전망했다.

미국과 유로존의 금리 차이나, 경제 여건을 볼 때 그리 과도한 전망은 아니라는 게 전문가들의 반응이다. 내년에도 유로화가 달러 대비 약세를 보이면서, 유로화 대비 원화 가치는 큰 폭으로 절상될 가능성이 크다.

유로화 약세의 영향은 유로존에 그치지 않는다는 게 문제다. 디플레이션 우려를 낳고 있는 유로존 경기는 유로화를 쓰지 않는 다른 유럽 국가의 경상수지 악화로 이어져 유럽 대륙 전체의 통화 절하 경쟁을 야기할 수 있다.

독일의 경기 침체와 유럽중앙은행의 추가 양적완화 역시 유로화 약세 압력을 부추기는 주요 요인이다. **우리나라 무역에서 EU와 EU 미가입국을 포함한 대유럽이 차지하는 비중은 15%로 미국 (10%) · 일본(8%)보다 높다. 대EU 무역적자가 확대되는 가운데, 유로화가 가치가 더 떨어지면 우리나라 무역수지는 급속히 악화할 수 있다.**

⑥ 위안-달러 환율쇼크

2005년 변동환율제 도입 이후 마냥 오를 것만 같았던 위안화 가치도 심상치가 않다. 2005~2013년 위안 · 달러 환율은 매년 평균 3%씩 하락(위안화 가치 절상)했다. 하지만 올 상반기 위안 · 달러 환율은 큰 폭으로 올랐다(위안화 가치 절하). 중국 경제가 둔화할 것이라는 우려 때문이다.

지난 3월 중국 인민은행이 1%로 유지해 오던 1일 환율 변동폭을 2%로 확대한 것도 위안화 가치 하락세를 키웠다. 물론, 최근 위안화 가치가 7개월 만에 최고치를 기록하는 등 반전됐지만 장기적으로는 위안화 가치 하락을 전망하는 분위기가 무르익고 있다.

실제로 시장은 위안화 가치가 소폭 절하될 것으로 전망한다. **향후 중국 경기가 더 둔화되고, 부동산 침체와 같은 잠재적 리스크가 현실화되면 위안화 가치는 더 하락할 수 있다. 이는 한국 경제에 가장 위험한 시나리오다.** 위안화가 절하되면 세계 시장에서 중국과 경합하는 조선·휴대전화·디스플레이 산업 등이 타격을 입을 수 있다. 특히 대 중국 수출은 가격 경쟁력이 떨어지면서 수출이 줄고 채산성도 악화될 수 있다. 올 1~7월 원화 대비 위안화 가치가 9.3% 절하되면서 대중국 수출이 크게 줄었다.

대 중국 수출 크게 줄어달러·엔도 모자라, 유로·위안화 대비 원화 강세가 심화되면 한국 경제는 어려운 상황에 빠져들 수 있다. 달러 외에는 우리가 직접 거래할 수 있는 통화도 없어 정책 대응도 어렵다.

이미 환율 쇼크는 한국 경제를 짓누르고 있다. 올 상반기 우리나라 수출액은 전년 동기 대비 2.6% 늘었다. 하지만 원화로 환산하면 2.6% 감소다. 9월 기준으로 하면 정부가 발표한 수출 증가율은 2.9%지만, 원화 기준으로는 3% 줄었다.

지난해에도 공식 수출 증가율은 2.1%지만 원화로 바꾸면 마이너스(-0.7%)였다. 한은이 기준금리를 사상 최저치인 2.0%로 내리면서 정부의 경기 부양에 동참했지만, 환율이 상승(원화가치 하락)할 조짐은 보이지 않는다.

한국은 이래저래 4대 강국의 손짓발짓에 춤을 추는 신세다. 한국 경제력이 그 만큼 강력하지 못하면 이 같은 신세를 영원히 벗어날 수 없을지도 모른다[이코노미스트, 김태윤 기자, 2014.10.20].

17

한국 경제성장의 미래 진단

한국경제는 한 때 아시아의 네 마리 용(한국, 홍콩, 대만, 싱가포르)으로 분류되며 한강의 기적을 이야기 했다. 그러나 2000년대부터 한국경제는 세계 평균치에도 못 미치는 불안한 성장모습이다. 특히 세계 평균보다 낮은 저성장 현상의 고착화가 앞날을 어둡게 하고 있다.

1980-2002년까지만 해도 한국경제는 석유파동을 겪은 1980년(-1.9%)과 외환위기 때인 1998년(-5.7%) 등을 제외하면 모두 세계경제 성장률을 능가했다. 1983년에는 무려 9.4%포인트나 높았지만 카드대란이 터진 2003년부터 저성장세 돌입했다.

한국경제는 2003년 세계경제 성장률(3.6%)보다 0.8%포인트 낮은 2.8%를 시작으로 그 격차는 2004년 -0.3%포인트, 2005년 -0.6%포인트, 2006년 -0.1%포인트, 2007년 -0.3%포인트, 2008년 -0.6%포인트 등 6년 연속 마이너스를 기록했다.

다행이 글로벌 금융위기 이후 선진국보다 빠른 회복세를 보이면서

2009년 0.7%포인트, 2010년 1.1%포인트 더 높이 성장했고, 2011년에는 0.1%포인트 더 높을 것으로 전망한다.

경제규모가 커질수록 성장률이 낮아지는 경향이 있지만 복지국가도 실현돼 보지도 못한 체 저성장이 고착될 가능성이 커지고 있다.

2012년 한국경제는 간신히 2% 성장에 턱걸이했다. 이는 지난 2011년 성장률 연 3.6%에 비해 반 토막을 조금 웃도는 수준이며 글로벌 금융위기 때인 2009년 0.3% 성장한 이후 가장 낮은 수치다.

한국의 중장기 경제성장 전망치는 2012년 4.2%, 2013년 4.2%, 2014년 4.0%, 2015년 4.0%, 2016년 4.1%다. 매년 성장률은 세계 평균 성장률 4.5%, 4.5%, 4.6%, 4.7%, 4.7%와 비해 연도별로 최소 0.3%포인트에서 최대 0.7%포인트 낮아진다. **한국경제는 높은 성장과정에서 의료, 교육, 법률, 환경, 금융 등 서비스 업종보다는 생계형 서비스 업종들만 팽창했다**[국제통화기금 IMF, 연합뉴스, 2011.4.17./매일경제, 2007.12].

한국경제는 2014년에도 3.8% 성장을 예상하지만 국민이 느끼는 성장의 온기는 이 보다 훨씬 못 미친다. 한국은 2014년 비교적 높은 경제 성장을 기록하더라도 산업 간 양극화 때문에 국민이 느끼는 평균적인 성장의 온기는 이에 훨씬 못 미친다. 2014년 국내총생산(GDP) 기준 성장률은 3.8%로 전망되지만 고용 가중 성장률은 3.4%에 그칠 것으로 예상됐다[서울=연합뉴스 경수현 기자, 2014.1.15/ 한국은행].

2014년 성장률과 고용 가중 성장률 간의 격차는 0.4%포인트에 달한다. 2011년 이후 최대로 벌어진 것이다. 2011년에는 성장률이 3.7%, 고용가중 성장률이 3.2%로 0.5%포인트의 격차를 보였다. 그러나 2012년에는 0.1%포인트(성장률 2.0%, 고용가중 성장률 1.9%)로 격차가 줄었고 작년에는 고용가중 성장률이 성장률(2.8%)과 같은 수준이다.

고용 인원 비중이 작은 제조업이 성장을 주도하고 고용인원이 많은 서비스업의 성장률은 상대적으로 낮을 것이 주원인이다. 한국의 제조업은 고용 유발 효과도 상대적으로 작은 것이다.

2012년 기준 고용 비중은 서비스업이 69.6%에 달하고 제조업(16.6%), 건설업(7.2%) 순이다. 결국 산업 간 양극화가 심화되면서 성장의 온기가 고르게 전달되지 못해 국민이 느끼는 체감 경기가 성장률에 미치지 못한 것이다.

2014년 산업별 성장률 전망치는 제조업이 4.4%, 서비스업이 3.4%다. 2012년에는 제조업 2.2%, 서비스업 2.5%였으며 2013년에는 제조업 2.9%, 서비스업 2.4%다[서울=연합뉴스 경수현 기자, 2014.1.15/ 한국은행].

한국 제조업은 노동절약적인 장치산업으로 발전했지만 더딘 기술혁신에 따른 고용창출력의 쇠퇴와 함께 부가가치가 높은 서비스업종의 저생산성 향상이 동반하면서 성장이 전반으로 확산하지 못하고 있다.

① 취약한 소비여력

한국의 경제성장을 제약하는 한 요인으로는 부실한 소비여력이다. 근로가계의 소비 씀씀이가 경기흐름에 따라 자생력을 갖고 살아나지 못할 만큼 기반이 취약하다. 그 이유는 절대수준이 낮고 증가 속도도 약하며 낮은 근로소득자 및 비정규직 근로자 비중이 전체 근로자 중에서 차지하는 비중이 매우 높기 때문이다.

한국에서 제법 잘 버는 한 정규직 근로자의 월수입이 500만 원정도 되는데 2013년부터 긴축에 들어갔다. 월 저축액을 50만원에서 80만원으로 늘리고 외식을 줄이는 등 허리띠를 바짝 졸라매고 있다. **요인은 사교육비와 노후 대비 때문이다**[조선일보, 박유연 기자, 2014.10.25].

이 근로자는 두 아이 과외비 등을 대고 나면 저축하기 정말 빠듯하지만 외식 등을 줄여 저축액을 늘렸다. 2009년부터 월급이 전혀 오르지 않고 있어서 불안한 마음에 긴축을 하고 있다.

가계 소비가 위축되는 것은 사교육비 · 주거비 등 기본 생활비는 갈수록 늘어나는 데 비해 소득은 제자리걸음이기 때문이다. 교육부에 따르면 지난해 사교육을 받고 있는 학생의 1인당 월평균 사교육비는 34만 7000원에 이른다. 자녀 2명에게 모두 사교육을 시키는 가계의 경우 한 달 평균 70만원을 쓰고 있다는 뜻이다.

반면 2014년 2분기 가계소득 증가율은 1.1%에 그쳤다. 지난해엔 0.8%로 1%에도 못 미쳤다. 이처럼 소득 증가가 부진하다 보니 현재 소득을 맘껏 쓰지 못하고 최대한 긴축하려 드는 것이 가계들의 평균적인 모습이다.

가계소득이 부진한 것은 만족스럽지 못한 고용 사정 때문이다. 한국의 전체 임금 근로자의 50.7%가 월급이 200만원(2013년 하반기 기준)을 밑돌고 있다. 이들은 대부분 비정규직 근로자들이다. 정부가 정한 4인 가족 최저생계비가 월 163만원인 것을 감안하면 기본 생계비를 빼면 남는 돈이 거의 없는 셈이다.

임금 수준이 높은 정규직이라고 해서 여유가 있는 것도 아니다. 대기업들마저 수익률 저하로 경영난에 시달리는 나머지 대규모 인력 구조조정을 하고 있기 때문이다. 2013년부터 2014년까지 금융권 희망 퇴직 인원은 1만명에 육박한다. 다수의 직장인은 자신도 언제 이런 처지에 놓일지 몰라 불안하며 허리띠를 졸라매고 있다[조선일보, 박유연 기자, 2014.10.25]. 가계소득과 고용의 안정성을 높이지 않는 한 한국경제의 중장기적인 안정적 성장은 기대하기 어렵다.

② 한국은 10대 재벌 지배 경제

한국경제는 10대 재벌그룹이 압도적으로 지배하는 경제다. 한국수출은 10대 재벌 계열사들이 주도적으로 이끌고 있다. 삼성 · 현대차 · SK · LG등 4대 그룹이 2013년 한 해 동안 창출한 부가가치총액이 총 140조 2000억 원으로 국내총생산(GDP)의 10% 수준에 달한다. 이들 4대 그룹이 국내 경제 성장의 10%를 담당하고 있는 셈이다.

500대 기업의 부가가치총액에서 차지하는 비중도 50.7%에서 55.2%로 1년 새 5%포인트 가까이 상승했다. 4대 그룹을 제외한 나머지 기업들의 부가가치 총액은 2013년에 비해 되레 13.5%나 감소해 경제력 쏠림이 심화되고 있다[이데일리 김현아 기자, 2014.9.17/ 기업경영성과 평가사이트 CEO스코어].

500대 기업의 부가가치총액은 254조 원으로 국내총생산(약 1440조 원)의 6분의 1을 차지했다. **그룹별로는 500대 기업에 속한 삼성그룹 19개 계열사의 부가가치 창출액이 68조 3700억 원으로 가장 많았다. GDP에서 차지하는 비중도 4.7%에 달했다.** 2위인 현대차그룹(18개 기업)의 부가가치액도 37조 6400억 원에 달했고 GDP비중은 2.6%였다. LG(14개)와 SK그룹(19개)은 각각 19조 3500억 원과 14조 8800억 원으로 3, 4위를 기록했다.

포스코(11개. 7조 9000억 원)와 롯데(16개. 7조 5000억 원)가 7조 원대의 부가가치를 창출하며 5~6위를 기록했고, 이어 KT(5개. 6조 1000억 원), 현대중공업(6개. 4조6000억 원), GS(8개. 3조 4000억 원), CJ(8개. 2조 8000억 원)가 '톱 10'을 차지했다.

재계 10위권의 한진(3개. 2조 6000억 원)과 한화(6개. 1조 9000억 원)는 KT와 CJ에 자리를 내주며 11위, 13위로 내려앉았다.

이 외 신세계(3개. 2조 5000억 원)를 비롯해 금호아시아나(5개. 1조 8600억 원), 두산(4개. 1조 8000억 원), 대우조선해양(1개. 1조 8000억 원), LS(8개. 1조 4000억 원), 현대백화점(3개. 1조 2000억 원), 영풍(3

개. 1조 1600억 원), 에쓰-오일(1개. 1조 700억 원), 대림(2개. 1조 200억 원) 등이 1조 원 이상의 부가가치를 창출했다.

반면 현대그룹은 현대상선, 현대엘리베이터, 현대로지스틱스 등 주력 계열사들이 모두 적자를 내며 유일하게 9000억 원의 마이너스 부가가치 기록했다. 동부그룹도 부가가치 창출이 200억 원으로 미미했다.

한국경제구조가 지나치게 편중된 외곡구조이다 보니 경제정책이 가시적인 효과를 내기 위한 정책동원이 협소하고 단기적일 수밖에 없으며 고질적인 편파적 정책이 될 수밖에 없는 것이다. 정부 정책의 실패와 악순환이 계속될 수밖에 없는 것이다.

③ 영세한 중소기업, 취약한 영세기업 - 저생산성, 취약한 국제경쟁력

한국의 중소기업은 경제성장을 주도하는 중요한 위치와 비중을 차지한다. 그러나 수익성이나 부가가치 생산성 등 질적 성장에서는 여전히 대기업에 뒤처진다. 또한 선진국의 중소기업에 비해 국제경쟁력도 크게 뒤 떨어지고 있다.

2000년대에 들어선 이후 10년간 우리 경제 전 산업에서 중소기업은 41만4527개가 증가하였고 358만1841명의 신규 일자리를 창출하고 전체 고용의 106.4%를 기여했다. 하지만 **질적 성장에서는 여전히 대기업과 격차가 더욱 벌어지고 있다. 중소기업의 1인당 부가가치 생산성 격차는 2005년 66.9%에서 2010년 73.2%로 확대됐다.**

중소기업의 부가가치 생산성은 1인당 연간 9300만원으로, 3억5200만원을 기록한 대기업의 1/3에도 못 미친다. 중소기업의 생산성이 낮으니 연간급여액도 대기업에 비해 낮을 수밖에 없다. 중소기업의 제조업 1인당 연간급여액 격차는 2005년 47.8%에서 2010년 53.1%로 확대됐으며, **2010년 기준 중소기업 종사자 1인당 연간급여액은 대기업(5400만원)의 절반도 안 되는 2500만원(46.9%) 수준이다.** 수익성 지표를 나타내는 중소기업의 매출액영업이익률은 대기업보다 낮다. 그러나 안정적 기업경영 지표인 금융비용부담률(금융비용/매출액)은 대기업보다 1%포인트 이상 높다[아시아경제 이지은 기자, 2013.9.19./중소기업중앙회 발간; '2012 중소기업위상지표].

대기업과 중소기업 간의 생산성 격차는 2005년 66.9%→2006년 66.8%→2007년 69.1%→2008년 69.9%→2009년 69.3% 등으로 갈수록 심화되고 있지만 중소기업은 2010년 현재 312만2332개로 전체 사업체의 99.9%를 차지하고 종사자수 역시 1226만2535명으로 전체 고용의 86.8%를 담당하고 있다.

특히 과거 10년간(2000년~2010년) 전 산업에 걸쳐 중소기업은 41만4527개가 증가한 반면 대기업은 같은 기간 1만9027개가 줄었다. 종사자수 역시 이 기간 중소기업은 358만1841명(106.4%)이 늘었지만 대기업은 21만5204명(-6.4%) 감소했다[파이낸셜뉴스, 2013.1.19.].

④ 과도한 농가 부채

한국경제는 농가의 자생적인 소비수요 창출을 기대하기 어려운 상황이다. 그 이유는 농가 당 평균 부채가 농가당 평균 부채가 3000만원에

육박하기 때문이다. 연도별 농가 총 부채는 2010년 32조원, 2011년 30조3000억원, 2012년 31조4000억원, 2013년 31조2000억원, 2014년 31조3000억원 규모로 2014년 부채가 2010년보다 2% 감소했다. 또한 부채농가도 2010년 117만7000호에서 2014년 112만1000호로 약 4.7% 감소했다[농림축산식품부 국회 제출 자료/ 세종=뉴시스, 이상택 기자, 2015.9.9].

하지만 농가 1호 당 평균 부채는 2721만원에서 2787만원으로 약 2% 증가하는 등 실질적인 농가부채는 증가했다. 특히 축산농가의 빚이 많았다. 지난해 축산농가 1호당 부채는 평균 6842만원으로 나타났으며 화훼농가 5354만원, 기타작물 4804만원, 과수 2703만원, 채소 2331만원, 일반밭작물 2265만원, 논벼 1517만원, 특용작물 1,254만원 순이었다.

연령별로는 39세 이하가 8778만원으로 가장 부채가 많았고 50대 5584만원, 40대 5731만원, 60대 2769만원, 70대 1120만원 순으로 빚을 지고 있었다. **한국의 농가부채가 실질적으로 증가하는 상황이지만 농가부채해결을 위한 정부의 종합계획은 없다.**

⑤ 과중한 교육비

교육비와 대학생 생활비 부담은 가계의 소비를 짓누른다. 특히 지방출신 대학생들은 엄청난 교육비와 생활비 부담 때문에 학습, 취업 애로, 가족 해체 등 많은 문제를 야기하고 있다. 대학생 한 달 생활비는 평균 40만8천원으로 지난해(38만6천원)보다 5.7% 올랐다. 지출이 가장 많이 늘어난 생활비로는 외식비(25.9%), 품위유지비(19.0%), 교통비(18.5%), 학습비(18.1%) 등이다[서울=연합뉴스 현혜란 기자, 2014.3.19].

금액별 분포를 보면 30만~40만원을 지출하는 대학생이 27.5%로 가장 많았다. 지난해 3월 조사와 비교하면 5.6%포인트 상승해 가장 큰 증가폭을 보였다. 지난해 1위였던 20만~30만원(27.4%)은 근소한 차이로 2위를 차지했다. 이어 40만~50만원(17.9%), 10만~20만원(11.1%), 50만~60만원(5.7%), 60만~80만원(4.4%), 80만~100만원(2.1%), 100만원 이상(1.2%) 순으로 나타났다.

대학생 간 생활비 지출 양극화 현상은 다소 주춤했다. 20만원 이하를 쓴다고 답한 대학생은 13.8%로 작년(22.4%)보다 8.6%포인트 감소했고, 80만 원 이상 고비용을 지출하는 대학생은 4.1%에서 3.3%로 0.8%포인트 줄었다. 대신 50만~80만원 구간이 10.1%로 작년(7.3%)보다 2.8%포인트 늘며 전체 생활비 상승을 이끌었다[서울=연합뉴스 현혜란 기자, 2014.3.19/ 아르바이트 전문포털 알바천국; 새학기 생활비와 소비현황].

⑥ 노후 준비 부족 상황

50대 이상의 노년층들은 노후에 최저의 생활을 유지하는 데 부부 기준 월 136만9천원이 필요하다고 생각한다. 특별한 질병이 없는 건강한 노년을 맞을 경우 최저의 생활을 유지하는 데 필요한 금액으로 부부 기준 136만9천원, 개인 기준 83만4천원을 꼽았다. 표준적인 생활을 위한 적정 생활비는 부부 192만9천원, 개인 119만3천원이었다. 여성보다는 남성이, 연령대별로는 60대가, 그리고 고학력자 일수록 필요하다고 생각하는 생활비 수준이 더 높았다.

그러나 실제로 노후 준비 상황은 기대치에 훨씬 못 미쳤다. 국민연금,

공무원 연금 등 공적연금에 가입된 사람은 세 명 중 한 명인 33.6%에 그쳤고, **공적연금 가입자들의 평균 예상 수급액은 현재가치 기준으로 월 54만원에 불과했다.** 공적연금이 향후 노후 생활비도 충족하지 못할 것이라고 내다봤다. **60대 이상 고령층이 공적연금을 받고 있는 비율은 28.7%였고 월평균 수급액은 52만2천원이었다.**

공적연금의 가입자와 수급자 모두 수급액이 노후 생활비에 부족하다고 인식하고 있다. 공적연금 수급액 수준을 올리기 위해서는 가급적 이른 시기에 공적연금에 가입해 가입기간을 확보할 필요가 있다[서울=연합뉴스 고미혜 기자, 2014.4.1/ 국민연금공단; 우리나라 중 · 고령자의 성공적 노후와 노인 관련 제도에 대한 인지 및 이용실태]. 한국의 50대 이상 고령가계의 노후준비부족은 소비수요 기반을 깎아먹고 수요창출을 가로막으면서 경제성장의 장애물로 작동한다.

⑦ 저생산성으로 인한 실질 임금 상승 장애

한국 경제는 실질 임금은 줄고 노동생산성이 늘어나는 임금 없는 성장 과정을 걷고 있다. 이 같은 현상은 경제협력개발기구(OECD) 회원국 28개국 중 한국이 가장 뚜렷하게 나타났다. 한국은 실질 임금과 실질 노동생산성이 서로 비슷하게 움직이다가 2008년 금융위기를 계기로 격차가 심하게 벌어지기 시작했다. 명목 임금을 소비자물가 상승률로 조정한 한국의 실질 임금(사회보장기여금 포함)은 2007년~2012년 사이에 2.3% 줄었다. 1997년~2002년과 2002년~2007년에는 실질 임금이 각각 19.4%와 17.6% 증가했다[서울=연합뉴스 고유선 기자, 2014.4.27].

OECD 회원국 28개국을 보면 2012년(또는 2011년) 실질 임금이 2007년과 비교해 한국보다 더 많이 하락한 나라는 11개 국가였다. 그러나 재정위기를 겪은 PIIGS(포르투갈, 이탈리아, 아일랜드, 그리스, 스페인) 국가와 1인당 GDP가 세계 40위권 밖인 나라 등 10개국을 빼고 비교하면 **실질 임금 하락 폭이 한국보다 더 큰 국가는 18개국 중 영국, 일본, 이스라엘 등 3개국뿐이다.**

이에 비해 **실질 국내총생산(GDP)을 근로자 수로 나눈 한국의 실질 노동생산성**은 2007~2012년 9.8% 늘었다. 이 기간 한국의 실질 노동생산성은 비교 대상 18개국 중 가장 빠르게 상승했다. 결국 **한국은 비교 대상 주요국 가운데 노동생산성은 가장 빠르게 늘고 임금 증가 속도는 최하위권에 속해 두 지표 간의 괴리가 가장 크게 벌어졌다. 극심한 경제 위기를 겪은 국가를 빼면 한국의 임금 없는 성장이 가장 심각한 것이다** [서울=연합뉴스 고유선 기자, 2014.4.27].

한국 경제는 2008년 금융위기 이후 실질 임금은 줄고 노동생산성은 늘어나는 임금 없는 성장 과정을 걸었다. **지난 5년의 성장과종 속에서 근로가계는 배를 줄이고 비 근로가계는 자신들 배를 배부르게 채우는 성장과정을 밟았다.**

유럽연합(EU) 국가의 평균 임금은 서유럽 및 북유럽 지역과 동유럽 지역 간 큰 격차를 보이고 있다. **EU 27개 회원국 근로자의 시간당 평균 임금[2013년 기준]은 스웨덴 43.0유로(한화 약 6만670원) 벨기에(41.2유로), 덴마크(39.8유로), 룩셈부르크(35.6유로), 프랑스(35.0유로), 네덜란**

드(32.5유로), 독일(31.7유로), 오스트리아(31.3유로), 이탈리아(28.0유로), 아일랜드(27.6유로), 영국(21.1유로) 순이며 이들 나라는 EU 평균(21.0유로)보다 많았다[베를린=연합뉴스 박창욱 특파원, 2014.5.12/ 독일 통계청].

EU 회원국 중 가장 임금이 낮은 곳은 불가리아 3.7유로(5천200원)로 스웨덴의 약 12분의 1에 불과했다. 다음으로 루마니아(4.7유로), 리투아니아(6.2유로), 라트비아(6.5유로), 폴란드(7.4유로) 순으로 임금이 적었다. 독일은 1년 전보다 시간당 임금이 0.7유로 증가하면서 순위가 한 단계 올라섰다. 지난 2004~2010년 7년간 독일의 임금 상승률은 연평균 1.4%로 프랑스의 3.4%에 비해 절반에도 못 미쳤지만, 2011~2013년은 2.7%로 프랑스의 1.9%를 앞섰다[독일 잡지 슈피겔].

소비기반의 구축은 근로가계의 임금소득이 가장 중요한 기둥인데 한국의 경우, 노동소득수준과 근로소득증가율이 경쟁국들에 비해 약하고 취약하다.

⑧ 장기적 소비 침체

장기 소비 침체로 연 평균 11만5000개 일자리가 사라지고 있다. 최근 10년 간 민간소비 침체 여파로 사라진 일자리가 연 평균 11만5000개에 달한다. 2004~2013년 민간소비 증가율이 국내총생산(GDP) 성장률과 동일했다면 연평균 11만5000개의 일자리가 생겼을 것이다.

지난 2004년부터 2013년까지 10년간 우리나라 민간소비 증가율은 평균 3.6%로 GDP 성장률(4.2%)을 밑돈 데 다 민간소비 비중도 지속적으로 하락세였다. 지난해 기준 GDP대비 민간소비 비중도 50.6%에 불과하다. 미국, 영국과 같은 주요국은 GDP대비 민간소비 비중이 60%를 훌쩍 넘는다[서울=뉴시스, 이보람 기자, 2013.3.9].

이 같은 민간소비 부진으로 연 4조9000억원의 손실이 발생한 것으로 추산했다. 이는 11만개가 넘는 일자리를 창출해 낼 수 있는 규모다. 소비 부진의 원인은 보험, 연금에 대한 지출이 가처분소득을 넘어선데 있다고 진단한다.

지난 2004년부터 2013년까지 가계소득 증가율은 연평균 6.9%였으나, 가처분소득의 증가율은 연평균 5.3%였다. 같은 기간 건강 · 고용보험이나 연금 등에 들어가는 비소비지출 증가율은 5.7%로 가처분소득 증가율보다 높다.

민간소비는 GDP의 50% 수준에 불과하고, 국내 경제에 미치는 파급 영향이 다른 부문보다 큰 점을 고려하면 소비 침체는 곧 경제 침체로 연결된다. 이 같은 악순환 과정을 막기 위해서는 소득계층별로 연금과 사회보험료의 지출 부담이 합리적인 수준에서 이뤄진 제도적 경제구조 개혁이 시급하다. 가처분소득을 증대시키고 가계의 평균소비성향을 높일 수 있는 대책을 마련하는 것이다.

⑨ 경쟁국으로부터 위협받는 한국수출

우리나라 수출은 미국 금융위기가 발생하기 전인 2001년부터 2008년까지 7년 동안 매년 평균 16%씩이나 증가했었다. **한국경제는 선진국**

경제가 회복되는 데 힘입어 수출이 늘어나고 이것이 가계소비 증가로 연결될 때 지속 고도성장을 유지할 수 있다[서울=뉴시스, 이보람 기자, 2013.3.9/ 최성근 현대경제연구원 선임연구원; 소비 부진의 요인별 분석과 경제적 파급영향].

이제 한국수출은 경쟁국으로부터 위협받고 수출수요가 가계소비수요로 연결되는 고리도 약해졌다. 지난 1964년 1억2000만 달러에 불과했던 우리나라는 수출 1억달러 돌파를 기념해 그해 11월 30일, 수출의 날을 제정했다. 그리고 반세기라는 세월이 흘렀다. 2013년 우리나라의 연간 수출 실적은 5620억달러까지 훌쩍 늘어났다. 무려 5600배라는 폭발적인 성장세다.

우리나라는 50년만에 명실상부 세계에서 손꼽히는 수출 강국이 됐다. 50년간 우리나라의 수출 증가율은 연평균 19.2%로 전 세계 연평균 수출 증가율(10.2%)의 두 배를 기록했다. 수출의 날은 1987년부터 수출 · 수입의 균형 발전을 이룬다는 취지에서 무역의 날로 명칭이 바뀌었고, 2011년 무역 1조 달러 달성에 맞춰 기념일을 11월 30일에서 12월 5일로 옮겼다.

2013년 이날 기념식에서는 일정금액 이상을 수출한 1526개 기업에 대해서는 23개 수출금액별로 수출의 탑을 수여했다. 수출의 탑 수상업체는 지난해 1742개사보다 216개사 감소한 1526개사로, 대기업 89개사, 중견기업 63개사, 중소기업 1374개사다. 한국경제는 금융위기 이후에도 지속적인 수출 확대와 무역수지 흑자로 무역은 경제성장을 선도하고 있다[이데일리 안혜신 기자, 2013.12.05].

⑩ 외국인 투자 감소

우리나라는 1997년 외환위기를 계기로 외국인 투자 유치에 적극적으로 나서 규모면에서 괄목할 만한 성과를 만들어냈다. 본격적으로 경제개발을 시작한 **1962년부터 1997년까지 36년**간 유치한 **외국인직접투자액(FDI)이 164억 달러**에 불과하지만 **1998년 이후 15년 남짓한 기간 유치한 액수는 무려 1천143억 달러에 달한다.**

하지만 주요 선진국과 비교하면 아직 양적으로 많이 뒤처진다. 2012년 기준으로 우리나라 FDI 유치 규모는 총 1천470억 달러로 미국(3조9천320억 달러), 영국(1조3천21억 달러), 프랑스(1조950억 달러), 독일(7천160억 달러) 등과 비교하면 미미하다[서울=연합뉴스 전성훈 기자, 2014.1.9].

국내총생산(GDP) 대비 FDI 비율도 12.7%로 경제협력개발기구(OECD)의 3분 1 수준이다. 영국(54.4%), 프랑스(39.5%), 미국(26.2%), 독일(21.1%) 등과는 현격한 차이를 보인다. 여기에 FDI가 중 · **소규모 제조업 분야에 집중**되면서 경제적 파급 효과도 제한적이었다는 점이다.

특히 국민경제 기여도의 잣대인 고용창출 효과만 보면 애초 기대에 한참 못 미친다. 외투기업이 우리 수출의 20%를 담당하면서도 고용은 6%에 불과하다는 점이 이를 방증한다. 최근 수년간의 FDI 움직임을 보면 양적으로나 질적으로 정체기에 들어섰다는 점이 확연히 눈에 띄고 있다.

이처럼 선진국에 크게 뒤처진 FDI를 '업그레이드'하는 방안으로 나온 것이 글로벌기업의 헤드쿼터 · 지역본부 또는 R&D센터 유치다. 특히 글로벌기업의 헤드쿼터는 해외 수십 개의 자회사에 대한 의사결정과 경영지원을 총괄하는 거점으로 고급 외국인 인력과 기술의 국내 유입은 물론 양질의 일자리 창출 측면에서 효과가 크다.

우리나라가 글로벌기업의 '아시아 거점'으로 자리매김할 여지가 충분하다. 광대한 내수시장을 가진 중국 · 동남아시아 등과 인접한 지리적 특성은 한국의 큰 장점이다. 여기에 뛰어난 기술력으로 글로벌 시장을 호령하는 세계적 기업과 양질의 인적자본을 보유한 것도 매력적이다.

이 때문에 독일계 화학기업 **바스프가 전자소재 사업의 아시아 · 태평양 본부와 R&D 센터**를, **미국의 제너럴 일렉트릭(GE)이 조선해양사업의 글로벌 본부**를 각각 한국에 두기로 결정했다. 독일계 에너지기업 **지멘스도 발전엔지니어링 분야의 아시아 · 태평양지역 거점**으로 한국을 선택했다. 올 1월 현재 국내에 지역본부를 둔 글로벌기업은 총 8개로 정부는 파악하고 있다.

이러한 글로벌기업의 움직임에 정부가 지원에 나선다면 상당히 높은 효과를 볼 것이다. 우리나라가 가진 기존의 여러 장점에 소득세 감면 등 정책적 인센티브를 추가해 글로벌기업의 한국행에 속도를 붙이는 것도 한국에의 투자매력을 강화시킬 것이다. 경쟁국가인 일본 · 중국 등의 글로벌 거점 전략에 맞불을 놓아야 한다.

⑪ 글로벌 쇼크 - 경제성장 교란

한국은 튼튼하다는 기초체질에도 불구하고 내부경제의 취약성 때문에 글로벌 쇼크에 예민하게 흔들린다. 신흥시장 불안과 중국 경기 둔화 조짐, 미국 경기의 이상 신호가 한꺼번에 겹치면 혼란은 더욱 커진다. 수익극대화를 추구하는 세계 투자자금은 위험한 취약국가에서 안전한 수익 국가지역으로 다변화하기 위해 이동하기 마련이다.

한국 경제는 두 지대의 경계에 서 있는 꼴이다. 그러기에 칼 날 위에 서 있는 한국경제는 취약국가의 위기 소식 쇼크에 크게 흔들린다. 안정된 선진국에 들지 못한 체 목을 걸어 놓고 소용돌이에 휩쓸리는 신흥국으로 후퇴하는 것을 다시 한 번 확인시켜 주거나 아니면 탈(脫)신흥국으로 차별화할 것인지의 갈림길에 서 있는 형국이다. 아니면 정체된 상태를 계속 있을 것이다.

가장 예민하게 반응하는 금융시장이 해외 찬바람에 세차게 쏠려가고 있다. 위기 경보가 울리자 외국인들은 연일 한국 주식을 내다팔았다. 연초 이후 산 주식보다 판 주식이 2조1000억원가량 많다. 4일 코스피 지수는 전날보다 33.11포인트(1.72%) 내린 1886.85로 마감했다. 1900선을 내준 것은 지난해 8월 이후 5개월여 만이다[중앙일보, 조민근 · 조현숙 · 이한길 기자, 2014.2.5].

버냉키 쇼크에 1차 신흥국 위기가 발발한 지난해 6월 이후부터 따지면 원화 가치는 오히려 4% 올라가 있다. 같은 기간 아르헨티나(-34%), 인도네시아(-20%), 터키(-19%) 통화가 일제히 추락한 것과 대조된다.

흔들리긴 했지만 외국인의 대량 자금인출 국가로 전락한 건 아니다.

달라진 대우는 한층 튼튼해진 기초체력(펀더멘털)의 경제력 덕분이다. 지난 65년 이상의 경제성장이 달려온 역량이다. 경상수지 흑자가 계속 이어지면서 달러가 꾸준히 들어오는 데다 재정 건전성 면에서도 다른 신흥국과는 격차가 존재한다.

경상수지도 계속 흑자를 지키며 흑자 규모도 707억 달러로 사상 최대로 불어났다. 국가 위험도를 나타내는 신용부도스와프(CDS)[2] 프리미엄도 크게 동요하지 않았다. 그 수준(0.75%포인트)은 선진국에 가깝다. 2008년 금융위기 당시 한국 국채의 CDS는 6.5%포인트까지 치솟았다.

하지만 앞으로 2차 테스트도 무사히 넘길 것이라고 단정하기는 어렵다는 게 **한국경제가 안고 있는 경제체질이다. 한국이 잘나가고 있지만 여전히 신흥국 정도로 보는 국제 금융시장의 통념이 지배하고 있는 것이 잘 반증하고 있다.**

지난해 글로벌 투자회사들은 인도 · 터키 같은 신흥국에 투입됐던 자금을 빼서 상대적으로 안전한 한국과 같은 신흥국으로 이동시켰다. 하지만 요즘은 신흥국 투자펀드에 들어가 있던 돈을 아예 미 유럽 등의 선진국 펀드로 옮기고 있다.

지난달에만 122억 달러(약 13조원)가 한국이 포함된 신흥국 증시에서

---

2) CDS는 채무자가 빌린 돈을 갚을 수 없을 때 원금을 보장해주는 대신 받는 일종의 보험료다. 이 비용이 높다는 건 그만큼 채권이 부도날 가능성이 크다는 의미다.

빠져나갔다. 특히 미일, 유럽의 글로벌 금융회사들은 자금 유출입, 환율 변동성 측면에서 한국을 필리핀 · 폴란드 · 멕시코 · 칠레와 유사한 범주로 묶고 있다.

이른바 '취약한 5개국'(인도 · 인도네시아 · 브라질 · 남아프리카공화국 · 터키)보다는 기초체력이 좋지만 선진국 수준의 안정성에는 미치지 못한다는 의미다. 이는 한국은 특히 주식 · 채권 시장의 외국인 투자비중이 커 신흥국 위기가 본격적으로 확산해 탈출 러시가 일어날 경우 시장이 크게 흔들릴 수 있다는 것으로 해석할 수 있다.

외국 투자기관들은 평소에는 경상수지, 외환보유액, 경기회복 추이 등의 기초체질 관련 변수를 살펴보지만, 상황이 나빠지면 은행의 예금 대비 대출 비율, 가계부채, 공기업부채 등의 한국내부의 취약한 미시변수들이 해외쇼크 흡수 능력의 한계로 부각되고 있는 것이다[중앙일보, 조민근 · 조현숙 · 이한길 기자, 2014.2.5].

18

경제성장의 활로 – 자유무역 영토 확대

한국은 인구 5천만 명에 남북이 대치한 자원빈국이지만 선진화된 공업국가로서 세계와의 무역에서 생존의 활로를 찾아야 한다고 말한다. 이런 일방적인 생각으로 꽉 들어찬 나머지 결국 한국경제는 해외경제에 크게 기대는 무역의존 국가로 탈바꿈 되었다.

다시 말해서 수출경제의 발전으로 국민경제는 성장하고 발전했지만 농어촌과 도시들 간의 빈부격차와 소득계층간의 빈부 격차, 낙후한 생활환경과 기반시설 등이 방치된 채 성장 발전한 것이다. 이는 내수의 자생적 활력과 기반을 앗아간 채 수출경제만이 비대해진 채 발전한 것이다.

그렇다고 수출전략과 성장을 도외시 할 수 없는 것도 사실이다. 이런 형편을 고려하면 우리나라는 기존에 체결한 FTA 효과를 극대화하는 방안을 찾으면서 앞으로도 계속 FTA의 보폭을 넓혀야 하는 처지다.

한국은 자유무역지대를 형성한 경제영토에서 칠레, 멕시코에 이어 세계 3위를 달리고 있다. 호주와 양자 FTA 경제영토가 더 넓어진다. 한-중 FTA가 타결되면, 세계 1위가 될 수도 있다.

우리나라는 2004년 한-칠레 FTA 발효를 시작으로 모두 46개국과의 FTA가 발효돼 있다. 여기에는 유럽연합(EU) 26개국, 아세안(ASEAN) 10개국이 포함돼 있다. 우리나라 FTA 상대국의 GDP 총합은 40조3천억 달러로 전 세계 GDP(69조9천억 달러 · 2012년 국제통화기금 기준)의 57.7%를 차지한다. 한국은 칠레(78.5%), 멕시코(64.1%) 다음으로 세계에서 세 번째로 비중이 크다. 일본(17%)의 3.4배에 달한다. 칠레는 미국, 중국, 일본과 모두 FTA를 체결해 FTA 경제영토가 가장 넓다[서울=연합뉴스 옥철 기자, 2013.12.11/ 산업 통상 자원부].

한국의 FTA 경제영토에 호주(GDP 1조5천859억 달러), 캐나다(GDP 1조 8천45억 달러)가 추가되면 비중은 62.5%로 올라가게 된다. 중국(GDP 7조9천917억 달러)과의 FTA가 체결되면 FTA 경제영토의 비중이 74%까지 수직 상승해 1위 자리에 오른다. 우리나라는 현재 콜롬비아와 FTA가 타결됐으며 중국, 베트남, 인도네시아, 뉴질랜드, 걸프협력이사회(GCC) 회원국인 사우디아라비아 · 쿠웨이트 · 아랍에미리트 · 카타르 · 오만 · 바레인 등과 FTA 협상을 벌이고 있다.

이제 한국경제와 한국기업들은 선진국을 앞지르는 경쟁력만 갖추면 언제든지 성장을 지속할 수 있는 국제적인 여건과 광활한 국제시장을 마련한 셈이다. 그러나 FTA 경제영토 확대의 이면에는 스파게티 볼 효과를 우려하는 시각도 있다. 여러 국가 · 경제권과 동시에 FTA를 체결하다 보니 **각기 다른 원산지 규정, 통관절차, 표준 등을 적용하느라 시간과 비용이 더 들어 FTA의 실익이 반감될 수 있다는 역효과이다.** 복잡한 FTA 규정이 스파게티 접시에 담긴 면발처럼 얽혀 있다는 데서 나온 말이다[서울=연합뉴스 옥철 기자, 2013.12.11].

19

경제성장지표 :
국내총생산 – 국내총소득

① 국내총생산과 국내총소득

한국경제는 2014년 3분기 실질 국민소득의 증가세가 2년6개 월 이래 가장 낮은 수준으로 둔화했다. 국내총생산(GDP) 성장률은 0.9%로 나타났다. 실질 국민총소득(GNI)은 전분기보다 0.3% 증가하는 데 그쳤다.

이는 2012년 1분기(0.3%) 이후 10개 분기(2년6개월)만에 가장 낮은 수준이다. 전 분기 대비 실질 GNI 증가율은 작년 2분기 1.9%로 상승했다가 3분기와 4분기 각각 1.0%, 올해 1분기 0.5%로 둔화하고서 2분기 1.1%로 올랐다가 다시 0%대로 떨어졌다. 지난 3분기 교역조건이 전분기보다 악화된 측면이 있는데다가 국외순수취요소소득도 감소한 영향을 받았던 탓이다.

한국 국민이 외국에서 노동, 자본 등 생산요소를 제공한 대가로 받은 소득에서 외국인이 국내 생산 활동에 참여해 번 소득을 뺀 국외순수취

요소소득은 전 분기 3조원에서 2조5천억 원으로 줄었다. **실질 GNI**는 국내 경제 활동에 초점을 맞춘 **실질 국내총소득(GDI)**과는 달리 우리 **국민이 국내외에서 벌어들인 소득의 실질 구매력을 보여주는 지표**로, **GDI에 국외순수취요소소득을 반영해 산출한다.**

그러나 **명목 GNI**는 374조3천억원으로 전분기보다 1.0% 늘고 작년 동기보다는 3.2% 증가했다. 실질 GDP는 전분기보다 0.9% 성장, 지난 10월 발표된 속보치와 같은 수준이다. 속보치 때와 마찬가지로 업종별로는 제조업이, 지출 요인별로는 수출이 좋지 않았다. 제조업은 전자기기의 부진으로 0.8% 줄었다. 정보통신기술(ICT) 제조업은 10.3% 줄고 비ICT 제조업은 1.9% 증가했다.

건설업은 토목과 비주거용 건물을 중심으로 1.1% 성장했다. 서비스업은 1.4% 증가했으며 세부 영역별로는 도소매(1.3%), 음식·숙박(4.4%), 금융 및 보험(3.2%) 등의 증가율이 비교적 높은 편이었다. 농림어업(2.5%)과 전기·가스 및 수도사업(4.7%) 등도 증가했다.

지출 측면에서 보면 수출이 LCD, 자동차 등을 중심으로 2.2% 줄고 수입도 0.5% 감소했다. 설비투자도 항공기 등 운송장비가 줄어 0.5% 뒷걸음쳤다. 이에 비해 민간소비는 1.0% 늘고 정부소비(2.3%), 건설투자(2.5%), 지식재산생산물 투자(0.6%) 등도 증가했다.

환율이나 유가의 영향이 큰 수출입물가까지 모든 재화와 서비스 물가를 포괄하는 종합적인 물가지수인 GDP디플레이터는 2분기에 이어 3분기에도 0.0%를 기록했다. 내수 부문의 GDP 디플레이터가 0.7% 상승에 그친 가운데 환율과 ICT 제품 가격의 하락세 영향으로 수출 부문은 7.7% 하락하고 수입 부문은 7.2% 떨어진 데 따른 것이다.

최근 한국개발연구원(KDI)은 한국경제도 일본과 유사한 형태의 디플레이션이 발생할 수 있고 그 근거로 0%대의 GDP디플레이터를 들고 있지만 2000년 이후 한국경제 추이를 분석한 결과에 따르면 **GDP 디플레이터와 소비자물가는 선행성 보다는 동행성이 크다는 점과 특히 수출입 의존도가 100%를 넘는 점이 3분의 1 수준인 일본의 경제 구조가 다르기 때문에 직접 비교하기에는 무리가 있다.** 저축률은 34.5%로 전 분기(34.6%)보다 낮고 국내 총투자율은 29.7%로 전 분기(28.2%)보다 높았다[서울=연합뉴스 경수현 기자, 2014.12.04/ 한국은행 발표; 3분기 국민소득(잠정)].

② GDP 디플레이터

광범위한 물가수준을 보여주는 **GDP(국내총생산) 디플레이터**가 2분기 연속 제자리에 머물렀다. 원화 절상의 영향이 있었으나 내수 부문 디플레이터 역시 6개월 째 0%대 상승세를 이어갔다. 저물가에 대한 우려를 부추기는 대목이다[머니투데이 권다희 기자, 2014.12.04].

GDP의 평균 가격을 나타내는 GDP 디플레이터는 2분기에 이어 3분기에도 지난해 같은 기간과 같았다. 즉 2분기 째 0% 상승으로, 2012년 4분기 마이너스(-) 0.2% 이후 최저다. GDP의 평균 가격은 소비자 물가, 생산자 물가, 수출입 물가를 모두 포함한 포괄적인 물가 지표를 나타낸다. 3분기엔 내수 디플레이터가 전년 동기대비 0.7% 상승했고 수출과 수입 디플레이터가 각각 7.7%, 7.2% 떨어졌다.

GDP 디플레이터 둔화 즉 물가 둔화의 원인이 환율 등 일시적인 요인도 있지만 내수 디플레이터 역시 지난해 2분기 이후 6분기 때 1% 대 미만 상승해 온 점을 고려하면 유가 하락 등 저물가를 유발시킨 원자재 가격 약세 역시, 세계적인 경기 부진에 따른 구조적 요인도 작용한 것으로 보인다.

국내적으로 내수 회복세가 미약해 수요측에서 물가를 끌어올리지 못하는 데다 공급 측에서도 세계적인 경제 성장 둔화로 원자재 가격 안정이 작용한 것이다. 이는 **저물가가 경제 활력 저하의 신호일 수 있다.** 앞서 11월 **소비자물가지수(CPI)**도 지난해 같은 달에 비해 1.0% 상승하며 올해 2월(1.0%) 이후 최저치를 기록했다. 2012년 11월(1.6%)부터 25개월 연속 1%대 상승세를 보인점도 주목할 점이다[통계청].

저물가는 경기 부진에 따른 수요위축의 신호일 수 있으며 소비를 미루는 등 경제주체들의 심리에도 영향을 미친다. 우리나라가 일본식 디플레에 빠질 가능성은 적지만 일본의 경우 1991년 버블이 붕괴된 뒤 1999년 가서야 디플레에 빠졌고 갑자기 디플레 빠지는 게 아니라 이런 징후들이 누적돼서 디플레이션으로 연결되는 만큼 경계심은 필요하다.

③ 국민총소득, 국내총생산물

세계 경기는 장기 침체 상태가 계속되고 특히 2013년에는 극도로 불안하고 침체한 한 해였다. **유럽과 중국, 미국, 일본 등 선진국의 경제 불**

안에도 불구하고 2013년 연간 실질 국내총생산(GDP) 성장률이 3.0%를 기록했다.

한국의 1인당 국민총소득(GNI)은 2만6000달러로 집계됐다. 지난해 실질 GDP는 전기 대비 3.0% 성장했다. 이는 한국은행이 앞서 발표한 지난해 속보치(2.8%)보다 0.2%포인트 오른 수준이다. 전기 대비 성장률은 1분기 0.6%에서 2분기 1.0%, 3분기 1.1%, 4분기 0.9%로 **3분기까지 가파른 성장세를 보이다가 4분기에는 건설투자 부진으로 성장세가 주춤했다. 지난 2012년 GDP 성장률 2.3%에 비해 0.7%포인트 올랐다.** 이번 국민계정 연간잠정 추계는 새로운 국제기준의 이행 등 **제11차 국민계정 기준 년 개편**(2005년→2010년) 결과를 반영해 산출됐다.

지난해 GDP성장률이 전년보다 높아진 것은 설비투자가 부진했으나 **민간소비가 꾸준히 늘어나는 가운데 건설 및 지식재산생산물 투자와 수출이 견조한 증가세를 보였기 때문이다.** 분야별로 서비스업은 전년 수준의 성장세를 보였고, 제조업 증가율은 대폭 확대됐다.

지난해 국내총생산에 대한 지출을 보면 민간소비가 꾸준히 늘어나는 가운데 건설 및 지식재산생산물(연구개발 및 예술품 원본 등) 투자와 수출이 크게 증가했다. 반면 설비투자는 부진한 모습을 보였다.

민간소비는 내구재 증가가 둔화됐으나 준내구재가 플러스 성장으로 전환하고 비내구재와 서비스도 증가세를 유지함에 따라 전년대비 2.0% 증가했다. **건설투자**는 건물건설투자가 8.8%, 토목건설투자가 2.7% 각각 성장해 전년대비 6.7% 증가했다. 전년 3.9% 감소세에서 증가세로 전환한 모습이다.

설비투자는 운송장비투자는 증가했지만 기계류투자가 감소해 전년대비 1.5% 감소했다. 수출은 전기 및 전자기기, 화학제품, 자동차 등을 중심으로 4.3% 성장했으며 수입은 기계 및 장비류, 석탄 및 석유제품, 반도체 등을 중심으로 전년대비 1.6% 증가했다.

경제활동별 국내총생산을 보면 **서비스업**이 전년과 비슷한 성장을 유지한 가운데 제조업의 증가세가 확대되고 **농림어업과 건설업**도 증가로 전환했다. **농림어업**은 양호한 기상여건에 따른 생산호조로 전년보다 5.8% 증가했고 **제조업**의 경우 전기 및 전자기기, 화학제품, 정밀기기 등이 증가해 전년대비 3.3% 성장했다. **서비스업**의 경우도 부동산 및 임대업이 증가세로 전환하면서 전년대비 2.9% 증가했다.

건설업은 1년 전과 비교해 3,6% 성장했다. 건물건설은 주거용 건물건설의 성장세가 확대됐고 비주거용 건물 건설도 증가로 전환됨에 따라 전년대비 7.4% 성장했고 토목건설 역시 교통시설을 중심으로 전년보다 0.7% 증가했다.

지난해 **명목GDP는 1428조3000억 원**으로 전년보다 3.7% 늘었다. 미 달러화 기준으로는 **환율이 떨어지면서(연평균 2.8%)** 6.7% 증가한 **1조 3043억 달러**를 기록했다. **1인당 국민총소득(GNI)은 2만6205달러(한화 약 2869만5000원)**로 전년 2만4696달러보다 1509달러 증가했다. **1인당**

가계 총 처분가능소득(PGDI)은 1만4690달러로 전년 1만3670달러보다 1020달러 늘었다.

같은 기간 **GDP 디플레이터 상승률은 전년(1.0%)보다 0.3%포인트 낮은 0.7%를 기록했고, 총저축률은 34.4%로 전년(34.2%)보다 0.2%포인트 상승했다. 반면 국내총투자율은 전년(30.8%)보다 2.0%포인트 떨어져 28.8%에 머물렀다.**

민간부문의 총저축률은 27.7%로 전년(26.6%)보다 1.1%포인트 높아졌지만, 정부는 전년(7.6%)보다 0.8%포인트 낮은 6.8%를 기록했다. 가계(가계에 봉사하는 비영리단체 포함)의 **순저축률은 4.5%로 전년(3.4%)에 비해 1.1%포인트 높았다**[서울=뉴스1 이현아 기자, 2014.3.26/ 한국은행; 2013년 국민계정(잠정)].

④ 가계총처분가능소득(PGDI), 1인당 국민소득

지난해 국민 개인의 소득을 살펴볼 수 있는 1인당 PGDI는 1만4690달러에 불과했다. 전년(1만3670달러) 대비 1020달러 증가하는 데 그친 모습이다. 1인당 국민총소득(GNI)에서 국민은 정부와 기업, 금융기관, 가계, 민간 비영리 단체를 모두 합친 개념이며 가계 구매력을 나타내는 PGDI는 다른 나라보다 낮은 수준이다. **1인당 PGDI는 개인이 임의로 처분할 수 있는 소득으로 개인 소득에서 세금, 국민연금 등을 빼고 보조금 등을 합산해 구한다**[머니투데이 이현수 기자, 2014.3.26].

정부가 3만 달러 진입 목표시기를 2016년으로 잡았는데 지금의 증가

속도로는 목표 달성이 쉽지 않아 보인다. 잠재성장률이 4% 수준으로 높아지고 환율효과가 뒷받침되는 긍정적인 시나리오를 가정해야 3년 후 1인당 GNI의 3만 달러 달성할 수 있을 것으로 전망한다.

2007년 처음으로 2만 달러에 진입한 1인당 국민소득은 글로벌 금융위기 이후 1만 달러대로 떨어졌다가 2010년(2만2170달러)에 다시 2만 달러대로 올라섰다. 하지만 2011년과 2012년 각각 2만4302달러와 2만4696달러를 기록하며 증가폭은 둔화돼 왔다[헤럴드경제=서경원 기자, 2014.3.26].

이웃나라 일본은 1987년에 2만 달러 소득을 달성한 뒤 1992년 3만달러 시대를 열기까지 불과 5년밖에 걸리지 않았다. 이후 4만 달러(1995년)로 도약하는 데는 3년이 걸렸다. 물론 엔고로 인한 환율효과가 크게 작용한 탓도 있다.

2012년 기준 인구 1000만 명 이상이면서 1인당 소득 4만 달러를 넘는 국가는 미국, 일본, 독일, 프랑스, 캐나다, 호주, 네덜란드, 벨기에, 스웨덴 등 9개국이다. 이들 국가가 2만 달러에서 3만 달러로, 3만 달러에서 4만 달러로 올라서는 데는 각각 평균 9.6년과 5.6년이 걸렸다[헤럴드경제=서경원 기자, 2014.3.26].

⑤ 1인당 GDP

1인당 GDP 4만 달러를 달성한 22개 국가의 평균 성장률 · 고용률 · 서비스업 비중이 우리나라보다 높았다. 이들 22개국은 4만 달러로 성장하는 기간(2007~2012년) 동안 대체로 높은 고용률을 보였다. 22개국 중 경제협력개발기구(OECD) 회원국인 17개국의 15~64세 고용률은 평균 69.3%를 기록했다. 이는 2007~2012년 한국(63.6%) 보다 5.7%포인트 높은 수준이다.

또 4만 달러 달성 국가들은 산업구조 측면에서 서비스업 비중이 높았다. 22개국 중 산업별 부가가치 비중 통계 분석이 가능한 19개국은 같은 기간 GDP 대비 서비스업 부가가치 비중이 평균 64.7%를 기록, 2007~2012년 한국(59.2%)에 비해 5.5%포인트 높았다. 이런 분석 결과에 의하면 몇 가지 특징을 추출해 볼 수 있을 것 같다.

첫째 선진국은 1인당 GDP 4만 달러를 달성한 시기와 기간이 2007~2012년 시기이었고 15년 안에 달성하였다는 사실이다.

둘째 이 시기는 다지털 바이오 등 혁신기술이 비약적으로 발전하였던 시절이고 생산성 향상이 급속이 진행된 시기이기도 하다. 이런 기술 혁신은 구미 선진국이 주도하였고 선진국의 초우량 기업들은 치열한 경쟁을 뚫고 세계시장을 선점하였다.

셋째, 이 기간 동안 구미 선진국은 지난 수십 년 간 쌓아올린 풍족한 최고의 복지수준과 제도가 2000년대 들어와 경제 활력을 좀 먹고 있다는 과잉 복지에 있다고 진단하고 자유 경쟁적인 질서를 재편하는 시기였다. 자유화 개방화도 이 시기에 국제적인 대세였고 지금까지 이어지고 있다.

넷째, 1인당 소득 4만 달러를 달성한 구미 선진국은 고도의 기술을 장치한 공업과 제조업이 쌓아올린 인적 물적 자본축적의 기반위에서 부가가치가 높고 생산성이 높은 서비스 산업을 동반 성장시키며 고용 창출을 촉진한 시기였다는 점이다.

그러나 2007~2012년 동안 한국경제는 1인당 소득 4만 달러를 달성한 구미 선진국이 걸어온 발전과정과는 전혀 다른 길을 걸었다. 한국은 오래 동안 타성에 젖은 물량 위주의 성장일변도의 길을 걸었고 2007년에는 급기야 외환위기도 겪었으며 숫한 정치 경제적 위기에 가까운 불안이 수시로 찾아왔다.

최근 **국제통화기금(IMF)은 한국은 2007년 2만 달러 달성 이후 10년만인 2017년에 3만 달러 진입이 가능할 것으로 전망한다. 이는 4만 달러 달성 국가들에 비해 현저히 느린 속도다. 4만 달러를 달성한 국가들은 2만 달러에서 4만 달러 진입까지 연평균 3.6%의 성장률로 평균 13.4년이 걸렸고, 3만 달러 진입까지는 평균 8년이 소요됐다.**

반면 4만 달러를 달성하지 못한 한국을 포함한 19개국은 2만 달러 진입 후 2012년까지 연평균 1.6% 성장률을 기록하는데 그쳤다. 특히 우리나라는 2007년 1인당 GDP 2만 달러를 달성한 후 2012년까지 연평균 2.9% 성장률을 기록했고, 7년 연속 2만 달러 대에 머물러 있다.

2017년이라는 시점도 향후 3년간 매년 3.9% 성장을 전제로 한 것이고, 경제 활성화를 위한 투자 활성화, 기술혁신, 교육 개혁, 규제 혁파,

균형지역개발, 계층과 지역 간 소득 및 부의 격차 해소, 가계부채 문제 해결 등이 받쳐주어야 한다[서울=뉴시스, 정옥주 기자, 2014.1.18/전국경제인연합회(전경련)/국제통화기금(IMF)].

⑥ 아시아 신흥국에도 뒤처지는 한국경제성장

한국의 경제성장은 다른 아시아 국가들의 경제성장를 따라가는 수준에도 힘겹다. 한국의 작년 국내총생산(GDP) 성장률이 아시아 주요 10개국 가운데 9위에 그친다. 내년 성장률 전망치도 하위권 수준을 벗어나지 못하는 것이다. 한국이 아시아 신흥국과의 경쟁에서 근원적으로 뒤처질 것이란 우려도 있다[세종=연합뉴스 유경수 차지연 기자, 2014.1.16].

아시아 주요국 경제지표를 보면 2013년 실질 경제성장률은 한국 평균 2.8%로 중국(7.7%), 필리핀(7.0%), 인도네시아(5.7%), 인도(4.6%), 말레이시아(4.5%), 싱가포르(3.7%), 홍콩, 태국(이상 3.0%)에 이어 아홉 번째다. 한국보다 못한 성장률은 대만(2.0%) 뿐이다.

한국의 내년 성장률 전망도 다소 나아지지만 하위권을 탈피하지 못할 것으로 본다. 한국의 내년 성장률은 3.8%로 중국(7.5%), 필리핀(6.3%), 인도(5.4%), 인도네시아(5.2%), 말레이시아(5.0%), 태국(4.1%)에 이어 싱가포르와 함께 7위다.

뒤를 이어서는 홍콩(3.5%), 대만(3.4%) 등이 있을 뿐이다. 그러나 GDP 대비 경상수지 흑자 전망은 한국이 5.4%로 3위다. 싱가포르가 14.1%, 대만이 10.9%로 한발 앞서 있다. 내년에도 4.2%로 싱가포르

(12.9%), 대만(10.2%)을 뒤쫓는다.

성장률이 2012년 부진했던 것은 부동산 시장 침체, 가계부채, 수요부진 등으로 불황이었고 좋지 않았던 환율흐름이 결정적인 요인이었다. 선진국 경기회복의 덕을 본 수출도 경기에 큰 힘이 못되었다.

한국경제가 점차 세계경제 추세를 쫓아가지 못하는 디커플링(decoupling) 징조가 확실하게 부각되고 있다. 한국경제의 가장 큰 문제는 세계경제 추세와 디커플링하고 있다는 점이다.

실제 지표에서도 **설비투자 증가율과 건설투자 증가율이 최근 2년, 3년 연속 마이너스를 기록해 경제 활력이 떨어지고 있다. 한국에서는 투자환경이 규제와 노사문제로 악화하면서 기업들이 외국으로 떠나는 반면에 홍콩, 싱가포르 등은 기업하기 좋은 환경으로 끊임없이 변모하면서 성장의 길을 벗어나지 않고 있다.**

한국은 국제적인 투자환경에서도 다른 아시아 국가들과 구미 선진국에게 자꾸 뒤처지고 있다. 정부가 올해 성장률 목표를 3.9%로 잡으며 투자 규제를 완화한다고 하지만 2년 연속 마이너스인 설비투자가 갑자기 늘어나기 어렵고 수출도 엔저 영향을 받고 있다.

20

경제성장과 부동산 부 효과

한국의 경제성장 요인 중에서 부동산 부의 효과도 선진국에 비해 큰 편이다. 주택 가격이 1% 오르면 주택소유가계는 소비를 0.16% 정도 늘린다. 또 집을 가진 50 ~ 60대 노령층이 최근 집값 하락에 따라 소비를 급격히 줄인 것으로 나타났다. 반면 주택을 갖지 않은 무주택가계는 집값 상승일 경우 소비 증가는 0.1% 수준이었다[서울=뉴스1 배성민 기자, 2014.9.17].

주택가격 상승률이 높아질 경우에 비해 하락할 때는 주택가격과 소비지출의 상관성이 더 높았다. 주택 가격 안정이 가계소비에 미치는 영향이 크다는 것을 실증하는 셈이다. 가계대출이 대개 주택담보대출로 이뤄지는 만큼 담보가치 저하와 가계 빚 증가에 따른 부담은 소비를 제약했을 가능성이 높다고 말 할 수 있다.

평균소비성향(세금과 이자 등 비소비지출을 빼고 남은 처분가능소득 중 얼마를 썼는지를 나타내주는 지표)을 보면 주택을 가진 저소득(소득 1 ~ 2분위(하위 40%)) 고령층(연령 50세 이상)은 2011 ~ 2013년 평균소비 성향이 95%로 집값이 상승했던 2003 ~ 2007년 105.6%과 비교하면 10.6%P 떨어졌다.

전체 주택소유 가구가 같은 기간 77.5%에서 73.9%, 집을 갖지 않은 가구가 77.6%에서 76.8%로 미미한 하락을 보인 것과 차이를 보였다. 주택가격 상승에 대한 기대가 줄어들고 있는데다 금리까지 낮아지면서 예전과 같은 이자소득을 얻기 위해 더 많은 금융자산이 필요해진 고령층의 소비심리가 급격히 위축됐다는 설명이다.

부채보유가구의 부채 현황을 보면 자가 소유 주택에 거주하는 경우 부채규모는 1억원을 넘어섰고 경상소득 대비 부채는 175%였다. 전세는 부채규모가 8400만원, 경상소득 대비 부채는 165.3%였다. 월세 가구는 부채규모가 3615만원, 경상소득 대비 부채는 113.1%였다[서울=뉴스1 배성민 기자, 2014.9.17]. 따라서 **한국의 장기 경제성장에서 단기 부동산 정책과 가계 빚 및 금융 대출 정책은 매우 중요한 변수로 작용한다는 것을 보여주고 있다.**

21

대기업의 경제력 집중 – 중소기업의 활동영역 협소화

한국경제는 지속적인 성장을 유지해 오면서 삼성그룹 등 소수재벌 집단으로 쏠리는 현상이 심화되었고 대기업의 경제력 집중화가 심각하게 굳어져 있다. 세계 반도체 매출액은 삼성을 기준으로 2위(304억7400만 달러)이고, 휴대전화 출하량도 삼성을 기준으로 1위(3억8500만개)다. 지난해 글로벌 브랜드가치에서 10위 안에 명함을 내민 국내 기업은 삼성(9위) 뿐이다. 삼성그룹 매출이 우리나라 국내총생산(GDP)에서 차지하는 비중이 30%를 넘는다. 이런 현상을 30대 재벌그룹 계열 대기업으로 확대할 경우, 한국경제는 재벌 집단 대기업이 사실상 지배하고 있다.

한국의 중소기업은 일자리와 기업의 국민경제활동 측면에서 볼 때 양적 성장을 주도하는 중요한 위치를 차지하고 있다. 그러나 수익성이나 부가가치 생산성 등 질적 성장 측면에서는 여전히 대기업에 뒤처진다.

2000년대에 들어선 이후 10년간 우리 경제 전 산업에서 중소기업은

41만4527개가 증가하였고 358만1841명의 신규 일자리를 창출하고 전체 고용의 106.4%를 기여했다. 하지만 질적 성장에서는 여전히 대기업과 격차가 더욱 벌어지고 있다. 중소기업의 1인당 부가가치 생산성 격차는 2005년 66.9%에서 2010년 73.2%로 확대됐다.

중소기업의 부가가치 생산성은 1인당 연간 9300만원으로, 3억5200만원을 기록한 대기업의 1/3에도 못 미친다. 중소기업의 생산성이 낮으니 연간급여액도 대기업에 비해 낮을 수밖에 없다. 중소기업의 제조업 1인당 연간급여액 격차는 2005년 47.8%에서 2010년 53.1%로 확대됐으며, **2010년 기준 중소기업 종사자 1인당 연간급여액은 대기업(5400만원)의 절반도 안 되는 2500만원(46.9%) 수준이다.** 수익성 지표를 나타내는 중소기업의 매출액영업이익률은 대기업보다 낮다. 그러나 안정적 기업경영 지표인 금융비용부담률(금융비용/매출액)은 대기업보다 1%포인트 이상 높다[아시아경제 이지은 기자, 2013.9.19./중소기업중앙회 발간; '2012 중소기업위상지표].

대기업과 중소기업 간의 생산성 격차는 2005년 66.9%→2006년 66.8%→2007년 69.1%→2008년 69.9%→2009년 69.3% 등으로 갈수록 심화되고 있지만 중소기업은 2010년 현재 312만2332개로 전체 사업체의 99.9%를 차지하고 종사자수 역시 1226만2535명으로 전체 고용의 86.8%를 담당하고 있다.

특히 과거 10년간(2000년~2010년) 전 산업에 걸쳐 중소기업은 41만4527개가 증가한 반면 대기업은 같은 기간 1만9027개가 줄었다. 종사자수 역시 이 기간 중소기업은 358만1841명(106.4%)이 늘었지만 대기업은 21만5204명(-6.4%) 감소했다[파이낸셜뉴스, 2013.1.19.].

22

한국, 무역의존도 증가 심화

한국의 **2013년 교역규모는 2011년(9위)보다 한 단계 상승했고 무역의존도도 94.5%(36위)나 돼 중국(47%, 134위), 일본(28.3%, 165위), 미국(24.7%, 167위) 등에 비해 월등하게 높아졌다.** 이렇게 높은 무역의존도의 **한국경제는 해외쇼크에 크게 휘둘릴 수 있다. 내수 시장을 키우지 못한 채 수출에만 매달린 우리 경제의 약점이 고스란히 드러나고 있다.** 세계 수출시장점유율 1위 품목 수(61개)는 2011년보다 두 계단 내려간 15위다.

해외의존도가 높은 한국은 중국, 인도, 브라질 등 개발도상국과 함께 2030년 글로벌 투자의 60%를 차지할 것으로 전망한다. 개발도상국가의 전체 투자가 지난 반세기 동안 신흥국가의 투자 비중은 20%에 불과했지만 2030년쯤에는 3배로 증가해 선진국을 능가할 것이다.

향후 20년간 성장 동력을 이끌 국가는 한국, 중국, 인도, 인도네시아, 브라질, 터키, 남아프리카공화국 등 동아시아와 라틴 아메리카 지역이다.

이들 개도국 가운데서도 중국, 인도가 최대 투자자로 올라서 2030년 총 투자의 38%를 점유할 것으로 관측한다. 또 2030년 158조 달러(2010년 달러화 기준)에 달할 것으로 예상되는 세계 총자산의 절반을 이들 신흥 시장 국가가 차지할 것으로 본다.

한국은 지속적으로 성장해 왔지만 서비스업은 과대하게 팽창하였고 선진국의 생산성과 먼 거리에 있다. 서비스업 성장 기반은 허약하기 짝이 없다.

한국경제가 세계 15위권으로 올라오고 산업구조가 고도화된 단계에서 성장의 벽에 부딪친 것은 서비스 업종의 후진성에 있다. 이는 한국경제에서 서비스업종이 차지하는 비중이 경제협력개발기구(OECD) 상위 21개국 가운데 꼴찌 수준이라는 것이 잘 보여주고 있다[서울=연합뉴스 박수윤 기자, 2014.2.19].

한국 경제의 서비스업 비중(40.3%)은 OECD의 부가가치 기준 상위 21개국 가운데 최하위다. OECD 평균인 59.4%에도 크게 못 미친다. 반면, 제조업 비중(49.0%)은 OECD 상위 21개국 중 1위다.

제조업이 활발한 편인 독일(34.0%), 터키(32.7%), 멕시코(32.3%), 일본(32.0%)을 훨씬 웃돈다. 정보통신 및 방송, 금융 및 보험, 부동산 등 생산자서비스업 비중(15.9%)은 OECD 평균(22.7%)에 미달했고 보건 사회복지서비스, 교육, 공공행정 및 국방 등 사회서비스업 비중(9.2%)도 OECD 평균(13.6%)을 하회했다.

한국 경제의 수출의존도가 갈수록 심해지는 가운데 취업유발 효과가 높은 소비·투자의 내수 비중은 줄었다. 한국은행의 2010 산업연관표를 보면 지난 2010년 한국 경제의 재화 및 서비스 총공급액은 3천639조7천억원으로 2005년에 견줘 1.6배 늘었다.

총공급액은 국내 전체 산출액에 수입을 더한 것으로 경제 규모를 가늠하는 척도다. 2010년 총공급액 중 국내 산출액은 83.7%, 수입은 16.3%를 각각 차지했다. 특히, 국내 산출액에서 제조업이 차지한 비중은 2005년 45.2%에서 2010년 49.0%로 상승한 반면, 서비스업의 비중은 42.3%에서 40.3%로 떨어졌다.

한국경제는 날이 갈수록 수출입 의존도가 커지고 있다. 2010년 수입액(591조7천억원)과 수출액(632조원)을 합한 대외거래는 1천223조7천억 원으로 총 공급액의 33.6%에 달했다. 2010년 국내총생산(GDP·1천173조3천억원)보다 덩치가 컸다.

2005년에 이 비중은 28.5%였다. 이에 따라 **한국 경제의 최종수요에서 수출이 차지한 비중은 2005년 28.4%에서 2010년 35.5%로 높아졌다. 한국기업들은 국내에서 생산한 재화들을 자국민들에게 65%를 공급하고 나머지 35.5%를 외국인들을 위해 공급하는 셈이다.** 반면에 소비의 비중은 48.7%에서 43.5%로, 투자 비중은 23.0%에서 21.0%로 각각 하락했다.

수출 비중이 커지면서 수출에 의한 국내 부가가치유발 비중은 23.8%에서 30.3%로 높아졌고 취업 유발인원 비중도 22.9%에서 24.4%로 상승했다. 소비에 의한 부가가치 유발액 비중은 같은 기간 53.6%에서 49.9%로 떨어졌다. 투자의 부가가치 유발액 비중도 22.6%에서 19.8%로 하락했다.

소비의 부가가치 유발효과는 0.796으로 수출(0.550)보다 크고, 고용창출효과(10억원 당 취업유발 인원)도 소비(16.5명)가 수출(8.3명)의 두 배에 가까운 점에 비춰보면 수출입 의존도의 심화는 고용시장에 악영향을 미친 셈이다. 소비와 투자의 국내수요가 수출수요증가 속도를 따라잡지 못하면서 경제성장의 동력을 발목 잡고 있는 것이다[서울=연합뉴스 박수윤 기자, 2014.2.19].

23

경제성장과 고용

세계경제는 앞으로 고용 없는 성장이 계속 이어질 것으로 보지만 세계 고용시장도 경기회복의 덕을 입지 못하고 있다. 2013년 세계 실업자가 전년보다 500만 명 증가한 2억200만 명에 이르렀다. 실업자는 오는 2018년까지 1300만 명 더 늘어 2억1500만 명을 기록할 것으로 본다. 실업률도 꾸준히 높아질 것으로 예측한다.

지난해 6%였던 세계 실업률이 올해 6.1%로 오른 뒤 향후 5년 동안 비슷한 수준을 유지할 것으로 내다본다. 이는 금융위기 직전인 2007년의 5.5%를 웃도는 것이다[아시아경제 조목인 기자, 2014.1.21/ 유엔 산하 국제노동기구(ILO)].

올해와 내년 세계 경제가 각각 3.6%, 4% 성장할 것으로 예측한다. 지난해 성장률 추정치 2.9%를 넘어서는 것이다. 이처럼 성장속도가 빨라지고 있지만 고용시장은 부진의 늪에서 벗어나지 못할 것으로 예상한다. **수년 간 지속돼온 경기회복이 노동시장의 불균형을 해소할 수 있을 만큼 충분치 않다. 글로벌 금융위기를 초래한 근본 문제들이 아직 해결되지 않고 있는 탓이다.**

지역별로는 아시아의 고용사정이 가장 좋지 않다. 지난해 증가한 실업자 500만명 가운데 45%가 동아시아 및 남아시아 사람들이다. 이는 높은 실업률로 애먹고 있는 유럽보다도 못한 것이다. 특히 중국의 경기 둔화 등 아시아의 성장속도가 느려져 앞으로 아시아 고용시장의 침체가 길어질 수 있다.

미국과 유럽은 실업률이 하락할 것으로 기대된다. 미국과 유럽은 금융 및 재정위기를 겪었음에도 불구하고 최근의 성장회복이 실업축소에 어느 정도 기여하고 있다. 그러나 아시아 국가들은 지난 선진국 위기의 여파에 큰 타격을 입은 체 침체의 늪을 쉽게 헤어 나오지 못하고 있다. 그 동안 양산된 실업을 개선하지 못하고 있는 것이다.

세계 노동시장을 위협하는 가장 큰 문제는 높은 청년 실업률과 고용의 질이 악화다. 지난해 15~24세 세계 젊은 층의 실업률은 13.1%로 전체 실업률의 두 배가 넘었다. 실업상태에 놓인 젊은이는 7450만 명으로 1년 전보다 100만 명 늘었다.

자영업자와 비정규직 노동자 등 이른바 취약 고용도 빠르게 늘고 있다. 지난해 취약고용은 전체 고용의 48%를 차지했다. 이는 금융위기 직전인 2007년보다 5배나 높은 것이다.

지역별로 보면 **중동지역의 청년실업 문제가 가장 심각하다.** 이 지역의 지난해 청년 실업률은 27.2%로 전 세계 평균(13.1%)의 두 배가 넘었다. 또 **미국 유럽 등과 같은 선진국(18.3%), 라틴아메리카(13.6%) 등도**

청년 실업률이 상대적으로 높은 축에 속했다. 반면 한국이 포함된 동아시아의 청년 실업률은 10.1%에 그쳤다. 문제는 청년실업 문제가 당분간 지속될 것이란 점이다. 전 세계 청년 실업률은 올해 13.2%로 작년 대비 0.1%포인트 높아진 뒤 2018년까지 이 수준을 유지할 것으로 전망한다.

고용 사정이 악화된 탓에 실업 상태가 지속되는 기간은 글로벌 금융위기 전인 2007년 대비 평균 두 배로 늘었다. 미국의 경우 글로벌 금융위기 이전에는 실업자들이 새 일자리를 구하는 데 평균 3~4개월이 걸렸는데 2012년에는 6개월로 늘어났다. 스페인은 5개월에서 8개월로 늘었다.

일자리를 찾는 데 성공했지만 여전히 빈곤에서 탈피하지 못한 근로빈곤층 문제도 세계 각국이 당면한 난제다. **지난해 세계 각국에서 하루 2달러 이하로 생계를 꾸려가는 근로자 수는 8억3900만명으로 전체 근로자의 26.7%를 차지했다.** 2000년(11억명)과 비교하면 줄긴 했지만 글로벌 금융위기 이후 근로빈곤층 감소 속도가 둔화되기 시작했다는 점이 문제다.

최근 미국 등 선진국을 중심으로 실물경기가 회복세를 보이고 있지만 세계 각국의 고용 사정은 2018년까지 크게 나아지기 힘들 것으로 보인다. **전 세계 실업률은 2018년까지 6.0~6.1% 수준을 유지할 것으로 전망한다**[한국경제, 김동윤 기자, 2014.1.22/ 세계노동기구(ILO); 2014년 세계고용동향]. 아시아 고용시장은 세계 고용시장이 경기회복의 덕을 입지 못할 가운데 한국의 고용시장도 개선될 기회를 얻지 못하고 있다.

① 저조한 여성경제활동 후진성, 비효율성

한국은 노동 · 사회 분야에서도 짙은 그늘이 깔려 있다. 지난해 기준으로 여성경제활동 참가율(49.9%, 25위), 출산율(1.29명, 150개국 중 146위)은 물론 국민 1인당 연간노동시간(2090시간, 2위)을 보면 개선의 여지가 많다. 석유소비량 8위, 원유 수입 4위 등으로 해외 에너지에 기대는 산업구조도 좀처럼 벗어나지 못한다.

외환보유고와 주식거래액은 세계 8위에 오르고 있으며 한국의 금융부문은 선진국 수준이다. 그러나 **부정부패 비리와 국제경영 부족, 관치금융 등의 금융 후진성은 여전하다. 대량 자금 유출입에 따른 금융 불안 및 변동성도 매우 높다.**

그 밖에 전자정부지수(2011년 기준) 세계 1위, 국제회의 개최건수(2012년 기준) 5위, 내국인 특허등록건수(2011년 기준) 4위다. 그러나 한국의 행정 경영의 비효율과 낭비, 부실이 심하다. 국가이미지는 올해 8위를 기록해 지난해보다 두 계단 뛰어올랐다.

② 한국의 청년실업 - 일 · 학습병행제

경제개발협력기구 회원국들의 2014년 초 현재 **실업률이 7.6%**로 안정세를 보이고 있다. **유로존의 18개국 역시 실업률**은 안정적이지만 1월 현재 OECD보다 더 높은 **12.0%에 달한다. 4620만 명이 일자리를 찾고 있는 OECD 전역의 구직자 규모**는 2010년 4월의 최고 피크 기간에 비하면 380명 줄었지만 지구촌 금융 위기가 닥쳤던 2008년 7월에 비하면

1150만 명이나 많은 숫자이다[파리=신화/뉴시스, 차의영 기자, 2014.3.14/ 경제개발협력기구(OECD)].

OECD 국가의 청년 실업률은 전년 대비 0.2% 증가한 **15.7%**로 청년 실업 문제가 고질적인 문제다. 이런 유럽나라에는 그리스, 스페인, 이탈리아, 포르투갈, 슬로바키아공화국 등이 속해 있다. OECD 당기손익-공정가치 측정 금융자산처분손익개국의 실업률은 7.6% EU 18개국의 실업률은 12.0%이지만, 한국 실업률은 4%대이다[파리=신화/뉴시스, 차의영 기자, 2014.3.14.].

독일과 스위스의 청년실업률이 낮은 배경에는 일 · 학습병행제에 있다. 일 · 학습병행제란 직업교육훈련시스템(VET)의 하나로 일주일에 1~2일은 학교에서 이론교육을, 3~4일은 기업에서 실무교육을 받는 형태다[서울=연합뉴스 옥철 기자, 2014.9.22/ 대한상공회의소; 주요국의 일 · 학습병행제 운영현황과 시사점].

독일과 스위스는 일 · 학습병행제를 운영한 결과 2012년 기준 청년실업률이 각각 8.1%, 8.4%로 경제협력개발기구(OECD) 평균(16.3%)의 절반 수준으로 떨어졌다. 영국(21.0%), 프랑스(23.8%)의 청년실업률은 20%를 넘는다.

독일에서는 듀얼시스템 과정을 마친 훈련생을 기업이 바로 채용하는 비율이 60%에 달한다. 독일과 스위스에서 듀얼시스템에 참여한 기업 수는 각각 48만개, 10만개에 이른다. 전체 기업의 30% 안팎이라고 한다.

스위스에서 일 · 학습병행제의 훈련비용과 생산기여도를 비교한 결과, 3년 도제과정의 생산기여도는 6만8천300유로(9천212만원)로 훈련비용(5만9천400유로 · 8천12만원)보다 8천900유로(1천200만원) 많았다. 기업에 비용보다 그만큼 많은 편익을 가져다준다는 의미다.

③ 한국의 노동시장 경직성

한국의 노동시장 경직성이 기업의 투자의욕을 방해하고 경제성장을 가로 막는다고 주장한다. 그러나 노동시장 악순환은 노동 시장 탄력성 강화 즉 기업의 해고 탄력성 및 자유화 강화 → 노동시장의 불안 → 고용과 근로소득 불안 → 소비 및 투자 의욕의 지속적 감퇴 → 저소비, 저자본축적, 복지비용 폭발 내지 복지정책 압박 출현 → 저성장 유발 → 경제발전 정체 및 후퇴 등으로 이어지고 있다는 주장이다.

정부의 노동시장 개혁은 정규직 중심의 국내 고용시장 경직성 완화 방향이다. 그러나 정규직에 대한 정리해고 요건 완화를 골자로 하는 노동개혁은 전체 노동시장의 하향평준화로 이어진다고 주장한다[세종=연합뉴스 국기헌 기자, 2014.11.27].

한국은 낮은 노사관계 경쟁력과 고용시장의 경직성이 존재한다. 고용경직성이 다른 나라에 비해 상대적으로 높고, 임금상승률은 꾸준히 상승해 기업 경영에 부담을 주고 있다. 한국의 인적자원이 훌륭하고 국력은 커졌는데도 노사관계 경쟁력은 수년 동안 세계 50위권에 머무르고 있다.

④ 경제 성장의 고용 증대 효과 약화

일반적으로 경제가 성장하면 고용이 증가하고 실업 줄어든다. 경기가 좋아지면 고용이 증가하고 반대로 경기가 나빠지면 고용이 줄어드는 것이다. 그러나 최근 **한국 경제는 경기와 고용 간 상관관계가 약화된 것으로 나타났다. 글로벌 금융위기(2008년) 이전에는 국내총생산(GDP) 기준 성장률과 취업자 수 증가폭이 유사한 흐름을 보였으나 위기 이후에는 상관관계가 눈에 띄게 떨어졌다**[서울=연합뉴스, 박수윤 기자, 2014.3.28].

예를 들면 분기 **GDP 성장률은 작년 3분기 1.1%에서 4분기 0.9%로 낮아졌지만 신규 취업자 수는 3분기 42만 명에서 4분기 54만 명으로 오히려 늘었다. 오쿤의 법칙으로도 불리는 실업률과 생산 간 상관관계에서도 약화된 것으로 나타났다.** 오쿤의 법칙(미국 경제학자 아서 오쿤)에 따르면, 실업률이 1%포인트 오르면 생산이 2~3%포인트 떨어진다.

이런 상관관계가 약화된 원인은 노동시장에 잔류하는 50~60대 은퇴연령층이 늘어난 점, 서비스업 일자리가 늘고 시간선택 제 일자리 등 일자리 나누기가 확산된 점 등이 영향을 미친 것으로 본다.

경기 회복세가 미약한 가운데 나타나는 고용 증가세는 경제 전체 생산성의 정체나 하락으로 이어져 고용 증대 효과를 제약하고 소득 분배의 불평등을 심화시킨다[서울=연합뉴스, 박수윤 기자, 2014.3.28/ 한국은행; 2013년도 연차보고서].

⑤ 수출 대기업의 고용창출 효과 약화

한국 경제성장과정에서 수출 대기업들(대부분 재벌 집단 계열사)은 경제성장과 고용 창출의 견인차 역할을 했다. 그 동안 삼성기업과 현대자동차는 경제성장의 버팀목이었다. 이와 같이 버팀목 역할을 하는 수출 대기업의 성장 여력이 소진된 점도 주목된다. 불확실한 글로벌 경기 전망 속에 두 기업의 고공행진을 이끈 사업 분야가 성장 한계에 도달한 게 아니냐는 시각이다. **착시 논란 속에서도 한국 경제의 대들보 역할을 하는 삼성전자와 현대자동차의 수익성이 꺾이는 조짐에 우려가 커지고 있다.**

⑥ 한국 금융서비스 산업의 고용 기여도 하락

지난 한국경제성장 과정에서 금융서비스 산업 역시 고도 경제성장기에 금융시장이 팽창하면서 고용 기여는 크게 작용하였다. 그러나 한국 경제가 장기 저성장의 늪에 빠져들면서 경기 부침에 따라 고용시장에 커다란 쇼크를 던지고 있다.

최근 증시 침체로 국내 증권사 직원 수가 2008년 세계 금융위기 이후 최소 수준으로 감소했다. 주요 증권사 25곳의 지난해 말 기준 직원 수는 모두 3만2225명이다. 이는 세계 금융위기가 발생했던 지난 2008년(3만15당기손익-공정가치 측정 금융자산처분손익명) 이후 최저 수준이다.

증권사 직원 수는 세계 금융위기 직후인 2009년(3만2235명)부터 2011년(3만5204명)까지 3년 연속으로 늘어나다 재작년에 감소 추세로 돌아서 2012년 말 기준 3만4919명, 다시 지난해 말 3만2225명으로 줄어들었다[헤럴드경제=권남근 기자, 2014.4.28/ 금융투자업계/재벌닷컴].

⑦ 취약한 투자 환경이 경제성장 애로 유발

국내 투자 환경은 전반적으로 열악하다. 이러한 취약한 투자 환경의 배경은 무엇일까? 가장 근본적인 요인은 국내경제의 불안정 내지 불확실성을 유발하는 요인이다. **불안정 내지 불확실성을 유발하는 요인 중 가장 대표적인 것이 정권마다 바뀌는 정책기조와 경제적 변수다. 외국인들은 이 같은 이유로 국내 투자 환경이 열악하다고 평가하고 있다.**

외국계 기업들은 한국정부의 정책 일관성이 부족하고 경제적 변수의 불확실성이 높으며 과도한 규제, 노사갈등, 반기업 정서 등을 꼽고 있다. 가장 부담이 되는 기업 관련 입법으로는 통상임금, 근로시간 단축 등 노동입법, 증세 등 조세입법, 영업시간, 출점규제 등 유통관련 규제를 들었다. 또 기업 관련 입법의 문제점으로 피규제자인 기업과의 소통이 불충분하고 경제에 미치는 영향 고려 부족이며 기업이 수용하기 어려울 정도의 일시적인 과도한 규제 도입이다.

반면 한국 투자환경의 긍정적인 요인으로는 산업경쟁력, 우수한 인력, 중국시장 진출의 거점, 광범위한 FTA 영토, 생산기지로서 장점 등을 들고 있다. 이러한 강점도 구미선진국에 비하면 경쟁력을 강한 것은 아니지만 일본을 제외한 아시아 지역에서 상대적으로 유리하다고 볼 수 있을 것이다. 외국기업들이 지적한 한국의 취약점과 강점은 어제 오늘의 이야기가 아니다. 정부도 산업계도 국민들도 모두가 잘 알고 있는 숙제와 과제들이 아닌가 싶다. 문제점을 안다면 정부가 할 일은 너무도 확실한 것인데 해년마다 나타난 외국인투자의 결과는 실망스럽다[머니투데이 이슈팀 이재원 기자: 2014.1.13/ 대한상공회의소; 한국 투자환경에 대한 인식조사 결과].

⑧ 미국 재정금융정책 - 세계경제 쇼크 - 한국 경제성장과 고용 충격

미국의 투자은행인 리먼브러더스가 2008년 9월 파산하면서 미국의 금융위기가 발생하고, 세계경제를 대공황 이후 최악의 위기로 몰아넣은 지 5년째가 된다. **미국 발 글로벌 금융위기(2008년)와 유럽 재정위기(2012년) 및 그 동안의 장기 세계경기 침체 등을 극복하고 이제 서서히** 세계경제가 최악의 침체에서 벗어나고 있지만, 특히 미국의 금융위기는 엄청난 변화를 일으켰고, 많은 과제를 남겼다[한겨레, 2013.9.15].

첫째, 각 지역별 경제성장이 한계를 드러냈다. 세계경제와 각국 경제는 새로운 성장모델을 찾아야 하는 과제를 낳았다. 민간의 비효율을 정부 재정지출에 의존해 해결해온 유럽식 경제운용 방식과, 국제 분업을 강조함으로써 제조업을 양보하고 서비스업에 치우친 미국식 경제자유주의가 동시에 한계에 도달한 결과라는 진단이다. 아시아식 수출 의존형 성장도 한계가 노출됐다.

둘째, 케인스학파 경제학이 다시 화려하게 부활하고 있다. 거시경제 처방에서 양대 학파는 고전학파와 케인스학파다. 고전학파 경제처방은 '보이지 않는 손'이 모든 경제활동을 가장 효율적인 수준에서 결정되도록 조정해준다는 신념에 따라 시장에 대한 믿음에서 경제처방을 내리는 게 특징이다. 케인스학파 경제처방은 단기적으로는 수요 부족이 발생할 수 있으며, 특히 경기침체 시 유효수요가 급감한 상황에서는 민간시장에 맡겨 둘 수 없다는 믿음 때문에 정부가 개입해 수요를 창출해야 한다고 주장한다. 다시 말해서 고전학파 처방은 시장 기능에 맡기고 정부는 개입하지 말자는 처방이라면 케인스학파는 민간시장경제의 복원을 위해 적극적 정부개입이 필요하다는 주장이다.

케인스학파의 처방정책은 대공황의 발생이 결정적인 계기가 됐으며, 1970년대까지 현실 경제 운용을 지배했다. 그러나 1970년대 스태그플레이션 해결에 케인스학파 정책처방이 힘을 쓰지 못하면서 다시 고전학파적 정책이 득세해 지금에 이르렀다. 그러나 고전학파의 자유주의적 경제 처방은 빈부격차 확대와 과도한 탐욕 등의 문제를 양산했다. 월가의 과도한 탐욕이 금융위기라는 비극으로 결말을 맞은 것도 고전학파적 자유주의 경제처방이 낳은 부산물이다. 때를 맞추어 정부가 경제에 개입해야 한다는 케인스학파가 다시 힘을 얻고 있는 배경이다. 향후 각국의 금융규제 강도가 점점 강해지는 양상으로 나타나고 있는 것이다.

셋째, 아시아에서 다시 외환위기 재발 위험이 커지고 있다. 미국 금융위기 이전까지 아시아 국가들의 기본적인 성장전략은 수출 확대에 있었다. 이런 중장기적인 성장전략 추구는 결국 수출 의존도가 크게 높아지는 상황으로 몰아가고 있다. 이런 상황에서 맞게 된 선진국의 금융위기는 수출의 급격한 감소에 직면한 아시아 국가들을 경기침체의 위험으로 몰아넣었다. 이 때 일부 아시아 국가들이 외채를 끌어들여 내수 경기를 부양하는 전략을 채택하게 됐고 이것이 지금에 와서 다시 외환위기 발생 위험 요인이 되고 있다. 내수 경기를 부양하다 보니 경상수지 적자가 너무 커진 나라들이 위험국가로 빠지게 되었다. 최근 바로 인도·인도네시아·타이 등이 그러한 처지에 빠진 것이다.

넷째, 국가 간 경기 흐름의 동조성이 크게 약화됐다. 미국 금융위기 이전까지 세계경제의 교역 흐름은 주요 신흥국에서 생산된 중간재와 자원 보유국에서 나온 원자재가 중국에서 소비재로 만들어져 미국과 유럽에서 소비되는 것이 일반적인 순환과정이었다. 이런 구조에서는 선진국의 경기가 중국의 수출 경기를 통해 신흥국과 자원 보유국의 수출 경기로 직결됐기 때문에 선진국 경기, 특히 해외 영향력이 가장 큰 미국 경기가 세계 경기를 좌지우지했다. 그러나 미국과 유럽 모두 수입보다는 수출에서 돌파구를 찾으려는 움직임을 보이면서 신흥국들의 수출 기회가 축소되고, 탈동조화가 일어나고 있다.

이제 미국, 유럽, 아시아 경제가 새로운 역할을 찾고 새로운 관계를 정립하기 위해 몸부림을 치고 있는 것이 세계 경제의 특징이다. 미국과 유럽, 아시아 등 주요 경제권이 각각 상대적으로 경쟁 우위에 있는 산업을 수출 중심 산업으로 육성해 특정 지역이 심각한 무역 적자에 빠져들지 않는 방식으로 교역을 확대하면서 동반 성장하는 것이 미래의 가장 이상적인 모습이 될 것이다. 그러나 이것이 말처럼 쉽게 않다. **여전히 각국의 입장이 서로 충돌하고 있다. 미국은 제조업을 육성해 일자리를 만들려고 하면 아시아에서는 일자리가 감소할 것이다. 유럽 역시 재조업 강화를 통한 일자리 창출과 무역수지 흑자를 위해 수입 억제 방향의 정책을 선택할 것이라는 점에서 아시아의 일자리에 부정적 영향을 줄 것이다.**

결국, 미국과 유럽의 변화를 뒷받침하기 위해서는 아시아가 무역수지 흑자 감소를 무릅쓰고 소비를 더 많이 해야 한다는 것이다. 아시아는 무역으로 경제성장을 이끌어야 한다는 것 이외에도 외환위기 방어를 소홀히 할 수 없다는 어려움이 있다.

기축통화국인 미국과 유럽은 외환위기 위험으로부터 자유롭지만, 아시아는 그렇지 못하다. 이번에 인도와 인도네시아를 보면 아시아 국가들은 경상수지 흑자의 중요성을 뼈저리게 느낄 것이다. 경상수지 흑자를 포기하면 세계경제의 무역 불균형 해소에 기여한다는 자부심은 있을지 몰라도, 막상 외환위기가 발생하면 국민들은 고물가와 실업의 고통에 시달릴 수밖에 없다.

어느 누구도 그 고통을 덜어주지 않을 뿐 아니라 탐욕스럽게 소비하다 무역수지를 관리하지 못해 망한 나라라는 손가락질이나 받게 된다. 세계 각국이 상시적인 외환위기 공포에 시달리는 **아시아 신흥국의 걱정을 덜어줄 방법을 찾지 못한다면, 결국 미국의 제조업 성장 전략도 유럽의 경쟁력 확대 전략도 모두 물거품이 될 것이다**[한겨레, 2013.9.15/전민규/한국투자증권 연구위원].

24

미국과 중국의 경제정책 쇼크 – 한국 경제성장 불안

미 · 중 양국의 정책이 움직이면 세계 경제가 휘청거린다. **미국의 양적완화 출구전략 확대와 중국 경제의 경착륙 가능성 등 거대 변수 앞에서 아르헨티나, 터키 등 취약한 신흥국들이 흔들거린다. 한국 경제도 영향권에서 좌불안석이다**[세종=연합뉴스 박용주 기자, 2014.1.28].

전 세계 금융시장은 미국의 양적완화 출구전략, 즉 테이퍼링 규모의 확대에 촉각을 곤두세우고 있다. **테이퍼링이란 양적완화 정책(중앙은행이 경기부양을 위해 국채를 매입하거나 통화를 시장에 푸는 정책)을 점진적으로 축소하는 정책이다.**

미국 연방공개시장위원회(FOMC)는 2014년 1월부터 양적완화 규모를 100억 달러 가량 줄이고 있다. 2014년 1월 28~29일 미국의 FOMC가 테이퍼링 규모를 200억 달러로 기존보다 100억 달러 더 늘릴 것으로 본다. 미국의 양적완화 축소는 2008년 금융위기 이후 고수익을 찾아 신흥국으로 떠났던 자금이 엔화와 미국 국채 등 안전자산으로 회귀하는 현상으로 귀결된다.

현 상황에서는 아르헨티나와 터키 등 일부 신흥국에서 자금이 이탈하고 있지만 이런 현상이 신흥국 전반으로 확대되면 한국도 예외가 될 수 없다. 2월말로 예정된 미국의 부채한도 협상도 국제금융시장에서는 불확실성 요인이다. 미국 정치권이 협상에 실패한다면 연방정부의 부채가 한도에 달해 미국이 국가 부도 사태를 맞게 된다.

일본 아베노믹스의 성공 가능성에 대한 의문도 끊임없이 제기되고 있다. **일본은행이 막대한 유동성을 계속 공급하는 상황에서 그 끝이 어떻게 될지에 대해 세계는 불안해하고 있다.** 4월부터 발효되는 소비세 인상은 거대 변수다. **일본이 출구 전략에 들어갈 시점에 재정 건전화가 이뤄져 있지 않으면 일본의 경착륙으로 연결될 수 있기 때문이다.**

현재 국제 금융시장을 좌우하는 것은 미국의 양적 완화 출구전략이지만 머지 않는 시일 동안 중국 경제의 경착륙 문제가 불확실성 요인으로 돌출할 것이다. **중국의 성장은 2008년 금융위기 이후 미국과 유럽 등 주요 선진국의 엔진이 꺼진 상황에서 전 세계를 지탱하는 기둥 역할을 했지만 더는 이런 역할을 기대할 수 없게 되면서 신흥국을 중심으로 우려가 증폭되고 있다. 경기 침체에서 벗어나지 못한 상황에서 중국이라는 공장이 가동을 멈추면 전 세계적인 수요 감소 현상이 발생할 것이라는 비관적인 전망이다.** 지난해 중국의 경제 성장률은 7.5%를 기록했다. 2012년에 8% 밑으로 떨어진 이후 2년 연속 7%대에 머무르고 있다.

최근에는 1월 제조업 체감경기가 6개월 만에 위축국면으로 들어서면서 시장에 충격을 준 바 있다. 시진핑(習近平) 정부가 '양적 성장' 보다 '질적 성장'을 강조, 구조조정을 단행하면서 올해도 고성장은 어렵다는 관측이 지배적이다. **중국 정부가 부채 급증을 막고 금융 안정을 기하고자 '그림자금융'(Shadow Banking)에 대한 규제에 본격 착수한 것도 불안감을 드리우고 있다. 4조8천억 달러에 이르는 그림자금융은 은행의 장부외 우회 대출, 신탁회사 · 보험사 · 전당포 등 은행외 대출기관들의 대출 등을 뭉뚱그린 개념으로 규제 실패 시 신용 경색에 따른 경착륙이 예상된다.**

미국의 양적완화 축소 및 중국의 경기 둔화는 국제금융시장에서 안전자산 선호 현상으로 연결되면서 아르헨티나와 터키 등 약한 고리를 먼저 공략하고 있다. 2008년 금융위기 이후 고수익을 찾아 신흥국으로 떠난 자금이 미국 국채와 엔화 등 안전자산으로 회귀하면서 신흥국 입장에서는 급격한 자금 이탈 상황이 벌어지는 것이다.

2001년 디폴트(채무불이행)를 선언하며 국가부도 사태를 겪은 아르헨티나의 경우 23일에만 페소화 가치가 11.7% 급락하면서 2002년 이후 최대 낙폭을 기록했다. 터키 역시 주가 하락, 통화 절하, CDS 및 국채금리 상승 등 상황을 겪고 있다. 우크라이나, 베네수엘라, 남아프리카공화국, 칠레, 페루 등 신흥국과 태국과 인도네시아, 인도 등 동남아시아 신흥국도 위기 가능성이 있는 국가로 분류된다. 이들 국가 상당수는 장기화한 반정부 시위나 대선 · 총선을 앞두고 있어 정치적인 불확실성도 만만치 않다. 이들 국가의 시장 불안이 전체 신흥국으로 확대된다면 한국

경제도 강타당할 수 있다. 특히 신흥국 시장 불안이 한국의 주요 수출국 중 하나인 동남아시아국가연합(ASEAN) 국가로 올 경우 수출에 직접 타격을 줄 것이다.

한국은 기초체력이 탄탄하다고 말하지만 유난히 대형 해외쇼크에 약한 경제체질 때문에 안심할 수 없다는 점이다. 기초 체력만 보면 단기외채 비중이 작아 상대적으로 안전하다. 그러나 하반기 들어 엔저 심화로 경상수지 흑자폭이 줄어들면 한국도 위기 상황을 맞을 수 있다. 최근 시장의 반응은 일시적인 패닉으로 끝날지 모르지만 실물경제에 강타할 수 있다. 금융기관의 거대 손실 등 추가적인 돌발사태가 발생하지 않으면 1997년이나 2008년과 같은 위기 상황으로 가지 않을 수 있지만 단기적으로 실물 및 금융경제는 한바탕 크게 흔들릴 수 있다[세종=연합뉴스 박용주 기자, 2014.1.28]. 세계 경제가 다시 또 한 번 소용돌이치더라도 미국경제는 경기회복세를 타면서 특히 신흥국을 한 판 흔드는 중심 무대가 될 것으로 보인다.

25

한국 경제성장은 일본의 잃어버린 20년을 닮아간다?

우리나라 경제가 잃어버린 20년을 겪기 직전인 일본과 닮았다. 그 중 하나가 경상수지의 구조적 흑자다. **경상수지의 구조적 흑자란 기업들이 해외로 생산기지를 옮기고 거기에서 이익을 내면서 환율이나 국내경기 등과 상관없이 흑자가 발생하는 것을 말한다. 여기에 국내기업이 해외에서 번 것만큼 국내로 투자하지 않거나 소비가 위축돼 내수 부진으로 이어지면서 수입을 감소시키면서 흑자폭은 더 커진다.** 이는 일본이 1980년대 후반 이후 엔고 상황에서도 경상수지 흑자가 날 수 있었던 배경이기도 하다. 지난해 우리나라 역시 원화절상(환율하락)에도 경상수지 흑자가 대폭 증가하는 현상이 발생한 바 있다[이데일리 최정희 방성훈 기자, 2013.12.17].

지난해부터 우리나라 서비스수지는 구조적으로 흑자로 전환됐다. 만년 적자였던 서비스수지가 지난해 57억3300만 달러 흑자를 보인 것이다. 주요 원인 중 하나는 사업서비스 수지의 개선이다. 국내기업이 해외

경영으로 이익을 내기 시작하면서 지난해부터 적자폭이 감소하기 시작했다. 통상 월 평균 10~20억 달러 적자를 내던 사업서비스 수지가 지난 10월엔 380만 달러 적자를 기록했다.

지난해부터 서비스수지가 흑자로 전환되는 구조적인 변화가 일어났다. **구조적 변화는 적자의 원인이었던 여행수지가 금융위기 이후 적자폭이 대폭 줄었고, 반면 사업서비스 수지는 국내기업이 해외경영을 통해 이익을 내기 시작하면서 개선됐다.** 여행수지 적자 폭을 사업서비스 수지 개선이 앞서가기 시작한 구조변화를 보인 것이다.

국내기업의 해외생산기지 이전은 2000년대 중반부터 가속화되기 시작했다. 지난해 제조업의 해외직접투자는 73억8400만 달러로 10년 전(18억5300만달러)보다 세 배 급증했다. 초기엔 저렴한 인건비를 찾아서 해외로 이동해 **생산원가를 절감하고자 하는 기업**들이 많았으나 최근엔 **협력업체와 동반으로 해외에 진출**하면서 시장규모를 확장하고 **원자재를 확보**하려는 이유가 크다.

해외생산기지 이전의 이유는 다르지만 일본도 유사한 상황을 겪었다. **일본은 1980년대 후반** 엔고가 지속되면서 **TV, 자동차 등 주력 부문의 생산기지를 해외로 이전**했고, **기존 완성품 수출 형태에서 해외지사에 대한 부품 중심으로 수출구조가 바뀌었다. 우리나라 주력 수출품목인 자동차는 절반 이상을, 휴대폰은 90% 가량을 해외에서 생산한다.**

2000년대 들어 엔화 강세에도 일본 경상수지 흑자가 늘어난 원인에

대해 기업의 산업기지 해외이전을 비롯한 국내수요 부족, 대외순자산으로 인한 이자 및 배당소득수지 증가가 주요 원인이었다.

경상수지 구조적 흑자가 지속될 경우 수출과 내수의 불균형이 발생하고 기업 간 양극화가 심해져 경제성장이 정체될 가능성이 제기된다. 실제로 최근 경상수지 흑자에도 경제성장이 정체되고 있다. 기업들이 해외에서 벌어들인 이익이 국내 투자나 고용으로 연결되지 않으면서 내수가 더디게 살아나는 반면, 수출은 빠르게 늘어나면서 경상흑자가 발생할 가능성이다.

일본도 해외생산이 늘어나는 과정에서 국내투자와 고용, 생산이 위축되면서 장기 저성장 늪에 빠졌다. 대기업과 함께 동반 진출한 중소기업의 해외진출은 국내 투자와 고용에 부정적일 수밖에 없다. 우리나라는 일본보다 강도는 약하지만 방향은 유사하게 흘러가고 있으며 앞으로도 해외이전이 활발하게 일어날 것으로 보인다.

기업 간 양극화도 우려된다. 일본처럼 원화절상에도 경상수지 흑자가 발생할 경우 **글로벌 경쟁력을 갖춘 일부 수출 대기업들은 살아남을 수 있지만, 가격경쟁력이 약한 기업은 쉽게 도태될 가능성이 높다.** 내수기업에도 부정적이다.

그로 인해 경상흑자에도 성장 자체는 정체될 수 있다. 일부 수출 대기업들은 자체적으로 환헷지가 가능하지만 그렇지 않은 기업들은 방법이 없다. 결과적으로 경상수지 흑자에도 경제성장은 정체될 가능성이 있는데 특히 최근 2년간이 그렇다는 것이다.

현재 우리나라는 과거 일본의 경상수지 흑자 발생 원인이 상당히 유사하다. **지속적인 경상수지 흑자에 안주해 성장잠재력 확충하기 위한 구조혁신을 소홀히 하면 결국 수출부문의 경쟁우위도 퇴색할 수밖에 없다.** 최근 일본이 가격경쟁력 강화에 주력하는 아베노믹스 등장도 **경제구조개혁을 소홀히 한 결과로 본다.**

지속적 안정적 경제성장은 강한 기업 경쟁력과 자생적 성장복원력에 달려 있다

세계 경제가 부진한 상황인데 미국이 나 홀로 성장을 하며 세계 경기를 이끌고 있는 성공 비결은 무엇일까? 미국 경제는 강한 경쟁력을 가진 민간경제와 기업들이 이끄는 선진산업(Advanced Industries)이 받쳐주고 있기 때문이다. 미국의 선진산업은 고용뿐만 아니라 내수 진작과 수출 확대, 근로자 소득 증대 등에도 광범위하고도 막대한 기여를 하고 있다[미국의 대표적 싱크탱크인 브루킹스연구소 진단].

델라웨어 주는 미국에서 두 번째로 작은 주[주 면적이 우리나라 15분의 1에 불과]다. 그러나 델라웨어 주에는 주민 수와 비슷한 70만개 기업이 등록돼 있다. 주정부가 제공하는 파격적 세제 혜택과 함께 글로벌 신소재 · 화학기업인 듀폰이 오래전 자리를 잡으면서 관련 첨단 기업들이 무수히 들어섰기 때문이다. 탄탄한 선진 기업들이 버텨준 덕분에 2008년 모기지발 금융위기 이후에도 재정적 어려움에 직면했던 다른 주정부와 달리 큰 풍파 없이 위기를 넘겼다.

화학 · 신소재를 비롯해 미국 첨단업종들은 금융위기 수렁에서 미국을 건져내 고용 회복을 이끈 든든한 버팀목이었다. 이러한 선진산업은 STEM(과학 · 기술 · 공학 · 수학) 분야에 집중하는 연구개발(R&D) 중심 산업으로서 근로자 한 명당 R&D 지출이 업종 내 상위 20% 이내이거나 450달러 이상에 달한다. 또한 STEM 분야의 수준 높은 지식을 요구하는 근로자 비중이 미국 평균 이상이거나 전체 근로자 중 21% 이상인 업종들이다.

선진산업의 대표적인 50개 업종으로는 첨단 로봇사업, 3D 프린팅 같은 첨단 산업, 자동차 제조업, 가전, 항공부품 등 기존 제조업종 등이다. 타 업종에 대한 파급효과가 작고 기술 수준이 낮은 공산품 제조업은 선진산업에 포함되지 않는다.

선진산업이 빛을 발한 것은 2008~2009년 금융위기 이후였다. 극심한 불황 속에서도 미국 내 선진산업은 일자리를 뿜어냈다. 금융위기 후 새롭게 창출된 일자리 중 65%가량을 선진산업이 책임졌다[브루킹스 연구소].

예컨대 컴퓨터 시스템 디자인 업종은 2010~2013년에 무려 25만개에 이르는 일자리를 만들어냈다. 선진산업은 내수 진작에도 막대한 영향을 끼쳤다. 예컨대 선진산업 근로자들은 1인당 연 23만6000달러어치를 다른 산업 분야에서 구매하는 것으로 집계됐다. 이는 여타 산업(6만7000달러)에 비해 3배 넘는 금액이다.

이 같은 내수 유발효과는 내수 부문의 추가적인 일자리 창출로 이어졌다. 선진산업에 일자리 1개가 만들어지면 연관 내수산업에서 일자리 2.2개가 창출되는 것이다. 선진산업에 직접 종사하는 1230만명 외에 1430만명이 선진산업 덕분에 일자리를 유지하고 있다는 의미다. 미국 전체 일자리 가운데 약 4분의 1이 선진산업 혜택을 보고 있다는 계산이다.

청년 실업에 신음하고 있는 한국에 던지는 시사점은 선진산업이 만들어내는 일자리 대부분이 근사한 일자리에 해당된다는 사실이다. 미국 내 선진산업 종사자 연평균 부가가치는 21만 달러로 미국 평균 10만 1000달러 대비 두 배를 넘었다[워싱턴 = 이진우 특파원 / 서울 = 이지용 기자, 매일경제, 2015.2.7].

26

선진국의 성장 경험과 신흥국의 추격성장

선진국과 개발도상국의 성장경험에서 다음과 같은 몇 가지 특징을 찾아 볼 수 있다. **첫째, 과거 선진국의 경제성장 과정에서 1인당 자본 장비율이 높을수록 1인당 소득수준이 높았다.** 후진국 경제는 1인당 소득수준이 일정 기간이 경과한 이후부터 선진국 경제의 1인당 소득수준에 근접해 갔다.

둘째, 첫 번째의 사실은 선진국에서는 성립되었지만 후진국에서는 반드시 성립하지 않았다. 셋째 인구증가율과 1인당 소득수준과는 역비례 관계를 가졌다. 평균 인구증가율과 1인당 GDP 간의 상관관계는 음(-)의 관계로 나타났다. **넷째 GDP에 대한 투자율이 높다고 해서 반드시 경제성장률을 높이는 변수는 아니었다. 그러나 동아시아에서는 양사 사이에 분명한 상관관계가 존재했다.**

다섯째 동아시아에서는 GDP에 대한 수출입 비율이 경제성장률과 뚜

렷한 상관관계가 존재하였다. 여섯째 선진국의 경제성장은 1800년대 후반 이후부터는 1800년대 전반 이전에 비해 상대적으로 높은 경제성장을 걸었지만 1970년 초반부터 서서히 떨어져 가는 현상을 보였다[Simon Kuznets, 1971, Angus Maddison, 1991]. 또한 선진국과 신흥국의 경제성장 과정에서 농업 비중이 대폭 줄어들고 공업 비중이 크게 증가하는 추세를 보였다. 1인당 소득이 증가하면서 농업비중은 줄어들고 공업과 서비스 비중은 증대하였다.

여덟째 선진국은 소득이 증가하면서 노동자소득비중이 지속적으로 증대한 반면 기업가와 자영업자 및 자산소득을 전부 포괄한 자본소득비중(국민소득 중 자본소득 비율)은 꾸준히 줄어들었다[Simon Kuznets, 1966]. 아홉 번째 선진국에서 자본-산출계수는 하락하는 경향을 보였다[김신행, 경제성장이론, 1999, PP. 30-49].

① 한국의 경제성장추격

한국경제는 경제 활력을 재가동할 수 있는 과거와 같은 기초체력을 기대하기 어려운 실정이다. 해방 이후 60년 동안 고속성장해온 결과 1963년 1인당 국민소득이 87달러(13.000원)에서 1978년 1천 달러(65.000원)를 넘어섰다. 32년이 지난 1995년에는 1만 달러, 또 다시 12년이 지난 2007년에는 2만 달러에 도달했다. 그 동안 급속히 달려온 경제성장 과정은 많은 부작용을 낳았다. 1997년 12월에는 마침내 최대의 경제위기가 폭발했다. 원화가치가 급격하게 하락함으로서 1인당 국민소득은 환율 폭등으로 1만 달러 이하로 줄어들었다.

외환위기 이후 경제는 연평균 성장률 4% 대로 떨어진 수준이다. 한국경제의 소득수준은 선진국에 비해 아직도 상당히 뒤떨어져 있다. 선진국은 1인 당 소득수준이 1만 달러와 2만 달러에 도달한 시기는 이미 1970년대와 1980년대에 달성했다[세계은행, 매일경제, 2003.5.8.]. 스위스 78년/87년, 미국 78년/88년, 독일 78년/90년, 캐나다 80년/89년, 스웨덴 78년/88년, 프랑스 79년/90년, 이탈리아 86년/91년, 영국 86년/-, 싱가포르 89년/93년이다.

1만 달러에서 2만 달러에 도달한 시기는 스위스는 9년 걸렸고 독일은 12년, 프랑스는 11년 싱가포르는 4년, 이탈리아는 5년, 캐나다는 9년, 스웨덴은 10년이 걸렸다. 한국은 1995년에 1만 달러 이후 11년 만에 2007년 2만 달러에 도달했다. 한국의 1인당 국민소득은 사우디아라비아, 슬로베니아 정도 수준이다. 홍콩, 싱가포르의 절반에도 미치지 못한다. 한국경제는 국민소득기준으로 볼 때 선진국에 최소한 30년 이상 뒤떨어진 것으로 추정된다. 특히 주목할 점은 2000년 이후 한국경제는 고도성장을 기대하기 어렵다는 점이다.

② 잠재성장의 지속적 하락추세

한국의 잠재성장은 계속 하락하고 있다. 1980~90년대 높은 잠재성장률은 주로 인적 물적 자본투입량에 의존하였다.1980년대 잠재성장률은 주로 요소 생산성과 취업자수 증가율이 떨어지면서 하락하였다. 1990년대 후반부터 잠재성장률은 물적 자본 증가율의 둔화로 하락하였다[한국개발연구원, 2003].

한국의 잠재성장률은 1990년대 6% 대에서 2000년대 이후 4% 중반으로 떨어졌다. 한국 경제의 기초체력이 계속 저하되고 있다. 이러한 경제조로화 현상은 성장 복원력이 크게 약화된데 있다. 불황에서 벗어나는 힘이 크게 약화된 것이다. 경제회복에는 수출도 중요하지만 소비와 투자가 다시 되 살아나는 것이 무엇보다도 중요한 버팀목이 된다.

한국의 소비비중이 주요 선진국 중에서 가장 낮다. 명목국내총생산(GDP) 중 민간소비 비중(2004년 기준); 미국 70.3% 영국 65.4% 이탈리아 60.1% 독일 59.1% 일본 56.1% 프랑스 56.1% 한국 51.5%[자료; 조선일보 2005.12.26/경제협력개발기구]. 우리나라 도시가구 하위 10%에 해당하는 최저소득층의 전체 가처분 소득 가운데 소비지출이 차지하는 비율인 평균소비성향은 2007년 150%에 이른다[금융연구원, 매일경제, 2007.3.19.].

최근 소비 부진의 원인은 국내총생산(GDP)에서 가계소득 비중이 줄어들고 소득증가세가 둔화됐기 때문이다. 한국의 가계소득 부진은 경제협력개발기구(OECD) 국가 중에서 가장 심각한 수준이다[세종=연합뉴스 유경수 기자, 2013.11.07/오지윤 KDI 거시경제연구부 연구위원; 민간소비 수준에 대한 평가].

GDP에서 차지하는 가계소득 비중은 2000년 69%에서 2012년 62%까지 하락한 반면 기업소득은 같은 기간 17%에서 23%로 상승했다. 이러한 가계소득 비중의 하락추세는 OECD 24개국 중 18개 나라에서 관찰되는 현상이지만 우리나라의 하락속도는 헝가리, 폴란드에 이어 3번째로 빠르다.

중요한 것은 가계소득이 민간소비에 미치는 영향이 기업소득보다 크다는 점이다. 시계열 분석결과에 따르면 총소득대비 가계소득의 1% 증가는 민간소비를 0.8~0.9% 높이지만 기업소득 1% 증가에 의한 민간소비 증가는 0.1~0.2%에 불과한 것으로 나타났다. 또 가계소득 비율이 1% 하락할 때 민간소비 비율은 0.53%포인트 낮아졌으며 가계소득 비중의 축소가 민간소비를 제약하는 주요 요인으로 작용했다.

가계소득 비율이 2000년 69% 수준을 유지했다면 민간소비비율은 현재의 52%보다 4%포인트 높은 56% 수준을 유지할 수 있었을 것으로 본다. 우리나라의 가계소득 비중 하락의 원인은 자영업의 구조조정보다 **취업자의 상대적 소득이 전반적으로 하락**했기 때문이다. 전체 취업자의 1인당 소득대비 1인당 GNI(가계 · 기업 · 정부로 배분되는 총소득) 중은 2000년 102%에서 2012년 92%로 떨어졌다. 임금근로자와 비임금근로자 모두 **취업자 1인당 소득이 경제 전체의 1인당 소득에 비해 줄었다**는 뜻이다.

2000년대 이후 진행된 경제 전반의 **소득 증가세 둔화와 가계소득 비중의 하락**이 우리나라 **민간소비 확대의 주요 걸림돌**이었다. 이어 **가계소득 확대가 전제되지 않는 상태에서의 민간소비 확대는 가계저축률 하락과 가계부채 증가 등 문제를 초래할 뿐 아니라 장기간 지속될 수 없다.**

소득 증가에도 소비가 침체를 보이고 있다. 지난해 3분기부터 올해 2분기까지 분기별 실질소득 증가율은 전년동기 대비 4.6%, 3.6%, 0.3%, 1.3%를 기록했지만, 실질소비 증가율은 같은 기간 -0.7%, -0.3%, -2.4%,

-0.4%를 나타냈다. 고령화 심화, 일자리 불안정성, 소득분배 악화, 전세값 상승의 순으로 평균 소비성향 하락에 영향을 미치고 있다[서울=연합뉴스 김승욱 기자, 2013.10.20/현대경제연구원; 평균 소비성향에 영향을 미치는 주된 요인과 시사점 보고서].

평균 기대수명 증가로 노후 불안감이 커졌지만, 노후를 착실히 준비한 가구가 많지 않아 소비가 위축됐다. 고용 안정성은 최근 들어 악화했다. 지난해 3분기 취업자 증가율은 전년동기 대비 2.1%를 기록했지만 올해 2분기에는 1.3%로 증가세가 둔화했다. 신규 취업자 수는 지난해 3분기에는 전년 동기 대비 50만6천명 증가했지만 올해 2분기에는 32만3천명 늘어나는 데 그쳤다.

고소득층과 저소득층의 소득분배를 나타내는 5분위 배율(상위 20% 소득을 하위 20% 소득으로 나눈 값)은 2003년 이후 지속적으로 상승세를 보이다 최근 하락했지만 여전히 높다. 소득분배 악화는 고소득층 소비를 늘리는 것 이상으로 저소득층의 소비를 줄이는 결과를 낳는다.

전세값의 지속적인 상승은 추가 상승에 대한 불안감을 줘 가계의 지갑을 닫게 만든다. 한국감정원에 따르면 이번 주 전국 아파트 전세가는 0.29% 올라 60주 연속 상승 행진했다. 계속되는 소비 침체를 벗어나려면 노후 불안 완화, 고용 안전망 강화, 중산층 복원, 주택시장 안정화 등의 대책이 필요하다[서울=연합뉴스 김승욱 기자, 2013.10.20/현대경제연구원; 평균 소비성향에 영향을 미치는 주된 요인과 시사점 보고서].

27

한국 경제성장이 정체되고 있다.

한국은 경제규모가 2012년 세계 15위 수준을 계속 유지하면서 2008년 이후 5년째 제자리걸음 하고 있다. 이 기간에 중국은 일본을 따돌리고서 2위 자리를 확고하게 다졌고 2008년에는 한국의 4.9배, 지난해는 7.4배로 불리는 등 경제력 격차를 넓혔다.

2012년 한국의 **명목 국내총생산(GDP) 규모는 1조1천295억 달러**로 전 세계에서 15위를 기록했다. 한국의 달러표시 명목 GDP 순위는 2004년 11위에서 2005년 12위, 2006년 13위로 해마다 뒷걸음쳤으며 2007년에는 전년과 같은 13위에 머물고서 2008년 15위로 떨어진 뒤 답보 상태에 빠져있다.

글로벌 금융위기 이후 한국 경제가 저성장을 거듭하고 있는데 따른 것이다. 이로서 한국은 **세계 경제에서 차지하는 비중은 2007년 1.9%까지 올랐으나 2008년 1.5%, 2009년 1.4%로 줄고서 2010년부터는 1.6% 수준을 유지하고 있어 사실상 성장이 정체돼 있다**[서울=연합뉴스, 경수현 기자, 2013.9.25/한국은행과 세계은행의 세계발전지수(World Development Indicators) 자료].

지난해 GDP 순위를 보면 미국(15조6천848억달러)이 부동의 1위를 유지했고 2~4위권인 중국(8조3천583억달러), 일본(5조9천597억달러), 독일(3조3천995억달러), 프랑스(2조6천128억달러)도 1년 전 순위를 지켰다. 15위권에서는 ▲영국(2조4천351억달러)과 브라질(2조2천526억달러)이 6위와 7위를 ▲러시아(2조147억달러)와 이탈리아(2조132억달러)가 8위와 9위를 ▲호주(1조5천206억달러)와 스페인(1조3천493억달러)이 12위와 13위를 각각 맞바꿨다. 인도(1조8천417억달러), 캐나다(1조8천214억달러), 멕시코(1조1천779억달러)는 각각 10위, 11위, 14위로 2011년과 같은 자리를 지켰다.

한국이 15위에 머무른 5년간의 변화상을 보면 중국이 2008년 4조5천218억 달러이던 GDP를 84.8%나 늘린 점을 꼽을 수 있다. 이로써 2008년 한국의 4.9배이던 중국의 GDP는 지난해는 무려 7.4배에 달했다. 장기 불황에 시달려온 일본을 2010년에 누르고 2위에 오르고서도 계속 고속 성장한 때문이다.

같은 기간 신흥 경제권인 브라질(9위→7위)과 인도(12→10위)의 경제가 부상하고 재정위기를 겪은 유럽 경제권의 이탈리아(7위→9위)와 스페인(10→13위)이 추락한 점도 눈에 띄는 특징이다.

지난해 한국의 1인당 국민총소득(GNI)은 49위(2만2천670달러)로 2011년보다 4계단 상승했다. 구매력평가(PPP) 기준 한국의 1인당 소득도 43위(3만970달러)로 2계단 올랐다[파이낸셜뉴스, 2013.10.15].

영국의 국내총생산(GDP) 규모가 **2014년에는 2조8천280억 달러(약 3천109조원)**를 기록하면서 프랑스를 간발의 차로 앞지를 것이다. 이 같은 결과는 성매매와 약물거래를 국내총생산(GDP)에 포함된 요인이며 이로써 영국은 세계 5위의 경제 대국이 될 전망이다[서울=연합뉴스 이유진 기자, 2014.12.27].

프랑스의 올해 GDP는 1조8천270억 달러(약 3천107조원)다. 양국의 GDP 순위가 뒤바뀐 것은 영국이 유럽연합(EU)의 새 회계기준에 따라 성매매와 불법 약물거래 등 지하경제를 GDP 계상에 포함했기 때문이다.

지난해 영국의 성매매 산업 규모는 57억 파운드(약 9조7천억원), 불법 약물거래 규모는 66억2천만 파운드(약 11조3천억원)다. 그러나 프랑스는 성매매와 약물거래가 자발적인 상업 활동이 아니라는 이유로 EU의 회계기준을 따를 것을 거부한 상태다. 이에 따라 영국의 GDP가 프랑스를 추월해 세계 5위에 올라선 것이다.

영국은 유럽 각국에서 몰려들고 있는 젊은 구직자들과 성매매 산업 종사자 덕에 GDP가 꾸준히 상승, 2030년에는 독일을 제치고 유럽 최대의 경제대국이 될 것으로 내다보고 있다. 한편 중국 경제가 미국을 추월해 세계 최대의 경제대국이 되는 시점을 2025년으로 예측한다[서울=연합뉴스 이유진 기자, 2014.12.27/ 영국 경제경영연구센터(CEBR)].

① 경제활성화 - 내수기반 구축

한국은 최근 3년간 국내총생산(GDP) 증가율에서 내수가 기여하는 비

중이 매우 낮다. 민간소비의 기여도는 지난해 성장률 2.0% 가운데 0.9% 포인트에 불과했고 총수출 기여도(2.3%p)의 절반 수준이다. 올해 1, 2분기는 0.9%p였고 3분기도 1.2%p에 불과했다. 설비투자는 올해 1분기 -1.2%p, 2분기 -0.4%p, 3분기 0.2%p에 그쳤다. 건설투자 역시 0.3%p, 1.2%p, 1.3%p로 답답한 흐름이다. 2010년 내수의 성장기여도가 6.9%p였던 것과 비교하면 최근 침체한 내수가 성장에 보탬이 되지 못하는 것이다.

서비스업종 1인당 노동생산성은 2011년 기준 3천860만원으로 **제조업(8천510만원)의 절반에도 미치지 못한다. 영세업체가 많은 도소매·음식숙박업의 비중이 높아 서비스산업의 고용성장 기여도는** 93~97년 2.75%p에서 2004~2008년 1.6%p, 2010~2012년 1분기 1.49%p로 **낮아지는 추세다. 서비스 수지는** 2010년 -183억 달러, 2012년 -141억 달러 등 **매년 큰 폭의 적자를 이어가 대외경쟁력에서 매우 취약하다**는 점도 약점이다.

서비스산업의 낮은 생산성이 제조업의 경쟁력을 약화시켜 경제 전반에 부정적 영향을 미치고 있다. 서비스산업의 경쟁력 강화는 시급한 정책과제로 전면에 등장했다. 서비스산업은 풀어야 할 숙제가 많다. 서비스산업은 고용과 경기 활력에 큰 도움이 되기 때문에 살아난다면 국민이 체감하는 경기도 좋아질 것이다.

정부는 내년 서비스산업의 모든 분야를 하나씩 뜯어볼 계획이다. 내달 중순께 무역투자진흥회의에서 발표될 의료분야를 중심으로 한 서비스산업 개선책이 그 신호탄이다. 이를 기점으로 **금융, 관광, 문화, 콘텐츠 등 분야로 규제개선과 세제 · 금융지원책, 고용 및 민간투자 확대방안** 등이 마련된다. 분야별로 높은 **진입장벽을 낮춰 경쟁을 촉진하고 해외진출을 유도하기 위한 법적 정비작업**도 함께 이뤄질 전망이다.

우수 해외교육기관 유치, 외국인 환자 유치업체의 대형화 · 전문화 지원, 의료산업화를 위한 금융투자시스템 개선, 법률서비스산업의 수출산업화 전략, 한류 콘텐츠 기업 지원 확대 등이 대표적인 검토과제다.

② 투자 활성화

민간투자를 살리기 위해선 **과도한 환경, 노동, 입지 등 규제를 합리적으로 손보는 작업**과 **투자 인센티브 확대, 산업단지의 작업환경 및 시설 개선, 주택 분양 · 재건축 제도 개선방안** 등도 연구한다. 해외 진출 기업이 국내로 돌아오거나, 해외투자를 국내투자로 전환하는 경우 현행 **세제지원 외에 추가 인센티브를 부여**하는 방안이 강구된다.

침체에 빠진 민간소비는 **가계부채 부담을 낮추고 부동산 거래의 숨통**을 트임으로써 자연스럽게 진작한다. 기업의 국내 투자 수익률 저하를 막기 위해 **규제완화와 함께 적극적인 재정 · 금융 · 통화 정책**이 필요하다. 국회가 정쟁에서 벗어나 정부와 호흡을 맞추는 것도 매우 중요하다. 앞으로 **지자체장 선거, 정쟁** 등으로 국회가 경기회복의 변수가 될 수 있다.

내수활성화와 내수기반의 확대의 주역은 제조업 중심축으로 한 서비스산업의 선진화에 있다. 최우선 정책 순위에서 제조업 중심의 내수활성화가 서비스 산업의 동반성장을 키우는 것이 바람직하다. 내수 활성화를 위해 서비스산업에 주목하는 것이다. 우리 경제는 빠른 속도로 서비스산업 중심으로 구조 전환을 시도하고 있지만 경쟁력은 매우 취약한 상태다. 2011년 기준 GDP 대비 서비스업의 부가가치 비중은 60.3%로 2000년 54.4%에서 크게 높아졌다. 서비스업의 고용비중은 2000년 61.2%에서 2010년 67.6%로 OECD 평균(66%)을 넘어섰다.

우리나라가 일본의 전철을 밟지 않으려면 기존의 압축 성장 모델에서 벗어나야 하며 경제세력이 법과 관행을 철저히 지키도록 하는 제도적 장치가 구비돼야 한다. 경제민주화는 시장경제가 시대에 맞게 변화해야 한다.

경제민주화에는 압축 성장 모델과 그 연장선 아래서 양극화의 절망과 심화를 겪은 국민들의 합의가 있어야 한다. 세계경제가 회복되고 있고 우리나라의 경상수지가 사상 최고치를 경신하고 있음에도 경제의 양극화는 심화되고 있으며 청년들의 구직난과 자영업자의 부채는 늘어가고 있다.

내수가 이처럼 활기를 잃은 것은 글로벌 금융위기 이후 경제성장의 정체, 가계부채 확대와 부동산 경기침체, 고용창출 부진, 투자 규제 등이 주원인이다.

정부 재정투입도 중요하지만 먼저 소비와 투자 등 내수기반을 다지는 것이 더 중요하다. 정부가 위기와 침체를 닥칠 때마다 재정을 통한 내수진작에 의탁한 경기부양에 의존할 것이 아니라 민간 소비- 민간투자의

자발적인 활성화를 통한 자가 발전을 찾아가는 경제가 탄탄하고 안정된 경제체질로 자리 잡을 수 있다.

한국 경제가 지속적으로 성장하려면 균형 있게 성장하고 내수기반이 탄탄해야 한다. 이러한 성장 방식은 전반적인 산업 발전과 전국적으로 고른 지역발전이 이루고 있는 독일, 스위스 등의 경제가 잘 보여주고 있다.

일본 경제가 저성장의 침체 속에서도 무너지지 않고 버티는 것도 튼튼한 내수시장 때문이다. 또 중국이 최근 성장의 방점을 내수로 돌리면서 활성화에 나선 것도 같은 맥락이다.

28

아시아 주변국보다 낮은 국내 경제성장

아시아개발은행(ADB)은 한국의 2014년 성장률을 3.5%로 전망했다. ADB는 지난 4월 내년 성장률을 3.7%로 전망했으나 이를 0.2%포인트 낮춘 것이다. 이에 따르면 우리나라의 경제성장률은 주요 아시아 11개국 가운데 대만(3.3%)과 파키스탄(3.0%)과 함께 최하위권역에 들 전망이다. 인도, 인도네시아 등 일부 아시아 신흥국들이 금융 불안을 겪고 있음에도 한국이 이들의 성장세에도 못 미친다. 아시아 국가에서는 중국이 7.4%로 가장 높고 필리핀 6.1% 인도네시아 6.0% 인도 5.7% 베트남 5.5% 말레이시아 5.0% 태국 4.9%, 싱가포르 3.5%로 전망됐다.

ADB 역내 회원국 48개국 중 선진국으로 분류하는 일본, 호주, 뉴질랜드를 뺀 45개국의 성장률 올해 평균 성장률은 종전 6.6%에서 6.0%로, 내년은 종전 6.7%에서 6.2%로 각각 하향 조정됐다. 한국의 올해 성장률 전망치는 2.8%로 종전과 같았지만 11개국 가운데 중국(7.6%), 필리핀

(7.0%), 인도네시아(5.7%), 베트남(5.2%), 인도(4.7%), 말레이시아(4.3%), 태국(3.8%), 파키스탄(3.6%)에 이어 9위였다. 대만(2.3%), 싱가포르(2.6%)만 한국보다 낮았다.

29

고용 없는 경제성장

글로벌 금융위기 이후 한국경제는 경제 성장을 해도 고용이 그 만큼 늘지 않는 현상이 지속될 것으로 보인다. 이 같은 현상이 향후에도 계속 이어질 것이란 예측이다. 금융위기를 극복한 **2010년 이후 국내총생산(GDP) 증가율과** 산업별 성장률을 취업자 수 비중으로 가중 평균한 **고용가중 성장률 간 격차가 커지는 경향이 강해지고 있다.**

2010년 GDP성장률은 6.3%였으나 고용가중 성장률은 5.0%로 그 격차가 1.3%포인트나 벌어졌다. 경제지표에선 경제규모가 큰 폭으로 커졌지만 그에 따른 과실이 고용과 연결되지 않으면서 체감경기와의 격차는 그 만큼 멀어졌단 뜻이다[이데일리 최정희 기자, 2013.10.21].

2011년엔 격차가 0.5%포인트로 줄었고 지난해엔 0.1%포인트로 감소했으나 2013년과 2014년엔 다시 그 격차가 벌어질 것으로 전망한다. 한국은행은 그 격차가 올해 0.2%포인트, 내년 0.4%포인트 확대될 것으로 내다봤다.

글로벌 금융위기 이후 경제가 성장해도 고용이 증가하지 않는 현상이 지속돼 지난해부터 고용가중 성장률이 떨어지고 있다. 내년에도 격차가 벌어지긴 하지만 그 수준이 미미해 GDP성장률과 실제 체감경기가 가까운 편이다.

경제가 성장하는데도 고용이 덜 증가하는 이유는 고용 유발효과가 적은 제조업 위주로 성장하는 것이 직접적인 요인이라면 한국 기업들의 혁신부족이 신규고용창출능력을 받쳐 주지 못한 요인도 있다.

GDP성장률과 고용가중성장률 격차가 좁혀졌던 지난해는 제조업 성장률이 2.2%, 서비스업 성장률이 2.5%로 서비스업이 더 크게 성장해 고용증가를 주도한 반면 올해와 내년엔 제조업 위주의 성장이 두드러질 것으로 분석했다. 제조업은 올해와 내년 각각 2.8%, 4.4% 성장하는 데 비해 서비스업은 2.5%, 3.4% 성장에 그칠 전망이다.

실제로 10억원을 투입했을 때 얼마나 고용할 수 있는지를 나타내는 취업유발계수는 2010년 기준 제조업의 경우 9.3명, 서비스업은 16.6명이다. 제조업 위주로 성장하게 되면 서비스업에 비해 고용 증가효과가 약해진다는 설명이다[이데일리 최정희 기자, 2013.10.21].

30

미래의 한국경제는 고용 없는 저성장?

한국경제의 중장기 전망은 어둡다. 실속 없이 높은 성장만을 고집한 과거 성장지상주의가 낳은 한국경제는 심각한 불균형 구조에 빠져 있다.

한국경제는 지금도 여전히 구조적인 개혁의 지지부진, 기술혁신 부족, 창의적인 정신과 아이디어 개발 쇠퇴, 경제민주화의 퇴행적 회귀, 합리적 진보적 사고의 결여, 남북한 관계의 악순환 등 때문에 미래는 불안하다.

한국 경제의 성장률이 다른 신흥국에 비해 낮은 이유는 그만큼 경제가 늙고 낡은 구조 때문이다. 한국경제가 치열한 세계적 경쟁을 이겨내는 혁신적인 기술축적이 느리고 고령화 속도가 빨랐으며, 창의적인 노동력 배출 부족과 부실한 고학력 노동력 양산, 고학력의 자원 낭비 등이 자리 잡고 있기 때문이다.

한국 경제의 성장 둔화 원인은 노동과 자본 투입의 한계 등 성장 잠재력의 하락 요인도 작용하고 있다.

최근 한국 경제의 잠재 성장률은 3% 중후반으로 추정되고 있다. **한국 경제의 잠재 성장률은 1991~2000년에는 평균 6.4%였지만 2001~2010년에는 평균 4.4%로 낮아졌고 특히 2008~2012년에는 3.8%에 그쳤다. 2013~2017년 평균은 3.6%로 추정한다.** 한국은행도 내년 성장률 전망치를 종전 4.0%에서 3.8%로 내렸고 3.8%는 성장 잠재력에 상응한 수준이다[서울=연합뉴스, 경수현 기자, 2013.10.13/한국은행/아시아개발은행; 아시아 개발전망' 보고서].

주요 국제기구들은 향후 한국의 잠재성장률을 4% 내외로 전망한다. IMF는 **2015~2018년 한국의 성장률을 4.0%,** OECD는 **2012~2017년 4.1%로** 전망한다. **2018년 이후에는 잠재성장률이 계속 하락할 것으로 예측한다**[서울=연합뉴스, 차지연 기자, 2013.10.14].

OECD는 2018~2030년 **한국의 잠재성장률을 2012~2017년 3.3%,** 한국개발연구원(KDI)은 **2021~2030년에는 2.7% 수준**일 것으로 내다봤다. **잠재성장률 저하 원인으로는 출산율 저하 등이 가져 온 생산가능 인구 증가율 둔화, 근로시간 감소 등에 따른 노동공급 둔화를 든다.**

외환위기 이후 기업의 투자증가율이 둔화됐고, 제조업 · 서비스업 생산성의 증가 수준이 멈춰 있는 것도 영향을 미쳤다. 장기적인 안정 성장을 유지하려면 적극적인 투자활성화 , 경제패러다임 전환, 생산성 향상, 투자 촉진, 고용의 질제고 등 전 방위적 노력을 통해 성장잠재력을 확충하지 않으면 저성장을 피할 수 없다.

한국경제는 특히 미국의 양적완화 축소를 비롯한 각종 악재들이 예상 밖으로 악화될 경우 경제성장률은 이보다도 더 추락할 수 있다. 저성장의 지속은 한국의 잠재성장률을 떨어트리는 구조적인 문제를 일으킬 수 있다[서울=연합뉴스, 차지연 방현덕 기자, 2013.10.09].

31

경제성장 – 수출 및 수입 경제

한국의 경제성장은 수출경제 활력에 크게 의존하고 있고 수출경제 활력은 환율 변동에 매우 민감하게 움직인다는 사실이다. 한국경제가 해외경제에 크게 의존하면서도 선진국에 비해 종합 기술력에 취약한 수출기업이다 보니 환율변화에 국제가격경쟁력에 기대는 체질을 벗어나지 못하고 있다. 한국의 산업과 기업이 환율 변동이 얼마나 취약한가를 보여주고 있는 사례를 미 달러-엔화 환율 변동이 한국경제에 미치는 악영향에서 찾아볼 수 있다. **엔화 환율이 달러당 100엔을 돌파하면 수출전선에 빨간불이 켜진다. 자동차 · 철강 · 기계 등 일본과 경쟁하는 주력 산업의 가격경쟁력 추락이 현실화하고 국가 총수출도 사실상 정체상태에 빠진다.**

특히 중소 수출기업은 생존을 고민해야 한다. **한국 산업과 기업이 탁월한 종합적 기술력을 보유하지 못한 처지에서 치열한 국제경쟁력을 이겨내지 못하고 환율 상승에만 기대는 경제체질을 갖고 있기 때문이다. 단기적으로 미 달러-원화 환율의 급상승이 커버해 주지 못하면 금방 무너지는 것이 한국경제이다**[서울=연합뉴스 산업팀, 2013.5.10.].

엔저 현상이 급속도로 진행된 1~4월 총수출은 1천817억 달러로 작년 같은 기간에 비해 0.5% 증가하는데 그쳤다. 사실상 수출이 정체상태에 빠진 셈이다. 월별로는 1월 수출증가율이 10.9%로 선전했다가 2월에 -8.6%로 급전직하하더니 3·4월에는 0.2~0.4%로 제자리를 맴돌고 있다. **업종별로 보면 일본과 해외시장에서 경합하는 산업의 수출 둔화가 눈에 띈다.** 자동차의 경우 1분기 수출이 119억달러로 작년 대비 3.6% 감소했고, 선박해양구조물 부문(88억달러)도 27.3% 급감했다.

해외시장에서 가격 요소의 비중이 큰 철강도 14.5% 줄어 타격이 컸다. 건설기계(-26.3%), 석유화학원료(-18.2%), 합성고무(-15%) 등도 엔저에 따른 가격경쟁력 하락으로 피해를 본 업종으로 꼽힌다. 국가별 수출지표로도 엔저의 영향이 확인된다. 대중 수출이 0.5% 증가해 그나마 선방했지만 대미 수출(-4.6%), 대일 수출(-9.5%)은 모두 급격한 감소세를 보였다. 특히 일본과 수출품목이 많이 겹치는 브라질(-19.9%), 터키(-8.1%), 인도네시아(-7.6%), 인도(-2.9%) 등 신흥 유망시장에서의 수출 감소폭이 크다. 환율이 최대 6개월 정도의 시차를 두고 제품 가격경쟁력에 반영되는 점을 고려하면 올 하반기가 우리 수출의 최대 고비가 될 것으로 전망한다.

한·일 산업계에서 엔저에 따른 희비가 극명하게 나타나는 업종은 자동차다. 국내 자동차업계는 국내 생산분의 수출이 급격히 감소하는 등 이미 경고등이 들어온 상황이다. 현대자동차의 1~4월 수출(국내공장 생산분)은 38만5천952대로 작년 같은 시기 43만8천511대에 비해 12.0%나 줄었다. 기아자동차의 국내 생산분 수출도 작년 41만1천377대에서 올해는 39만690대로 5.0% 감소했다. 다만 1~4월 수출 감소에는 주말특근 거부 등에 따른 생산 차질도 일부 영향을 미친 만큼 엔저 피해를 정확히 측정하려면 다소 시간이 걸릴 것으로 예상된다. **반면에 엔저의 날개를 단 일본 자동차업체들은 말 그대로 펄펄 날고 있다.**

도요타는 지난 8일 2012 회계연도(2012년 4월~2013년 3월) 영업이익이 전년 대비 3.7배나 뛴 1조3천208억8천800만엔(약 14조원)을 기록했다. 이는 지난 2월 예상치(1조1천500억엔)보다도 1천700억엔가량 증가한 것이다. 일본 내 생산 차량의 절반 이상을 수출하는 도요타는 당초 올 1~3월의 환율을 달러당 84엔으로 잡았지만 90엔 이상의 엔저가 지속되면서 영업이익이 크게 늘어났다.

엔저와 관련해 도요타는 달러당 1엔 하락할 때마다 연간 영업이익이 350억엔 늘어난다는 분석 결과다. 도요타는 특히 2013 회계연도(2013년 4월~2014년 3월)의 영업이익을 36.3% 증가한 1조8천억엔(19조원)으로 예상했다. 사실상 2008년 미국발 금융위기 이전 수준으로의 실적 회복한 셈이다.

엔저가 급속히 진행되면서 중소 수출기업은 생존을 걱정해야 한다. 중소기업은 엔저 등 환율변동성 확대되면 수출의 길이 막힌다. 채산성 악화로 아예 수출을 포기한 기업은 폐업하는 길로 들어선다. 대기업은 환율이 다시 괜찮아질 때까지 버틸 수 있는 자금력을 갖추고 있지만 중소기업은 이 시기를 견디지 못하면 부도가 난다.

① 성장과 수출의 상호 관계

한국경제는 수출경제 중심으로 성장을 이끌고 온 덕분에 2014년 10월의 경우 516억 달러를 수출해 월 단위 사상 최고치를 기록했다. 그러나 그 속사정을 살펴보면 오히려 위기의 전조증상에 가깝다고 진단 한다.

한국 수출 산업은 박리다매, 가공무역 형태의 수출구조에서 벗어나지 못하면서 1000달러를 수출하면 447 달러가량이 해외로 유출되고 553달러만 국내에 남게 된다는 게 위기의 전조라는 것이다[이데일리 최정희 기자, 2014.11.16/ 현대경제연구원; 수출 부가가치 유출률의 국제 비교 및 시사점].

2011년 우리나라 수출의 부가가치 유출률은 44.7%로 미국, 중국, 독일, 일본 4개국 평균치 23.1%보다 두 배 가량 높다. 수출의 부가가치 유출률은 총 수출액에서 수출품을 만들기 위해 해외에 지급한 직 · 간접적인 중간재 수입액의 비율을 말한다. 특히 중국(6.6%), 유럽연합(4.4%), 일본(4.4%) 등에 중간재 의존도가 높았다.

1995년 이후 대부분의 국가에서 부가가치 유출률이 높아졌으나 우리나라의 상승폭이 크다는 것이다. 금융위기 이전인 2007년 38.7%에서 2011년 44.7%로 6.0%포인트나 급등했다. 같은 기간 일본은 2.1%포인트, 독일은 0.8%포인트 상승했다. 오히려 중국은 3.3%포인트가 줄었다.

이 같은 현상은 한국의 산업 구조가 고부가 · 고기술화하지 못하고 중진국 발전 단계인 범용 제품 위주의 수출 구조가 지속되면서 부가가치의 해외유출 현상이 일어나고 있는 것으로 본다. 또 원 · 부자재를 해

외에서 수입해 국내에서 단순 가공하는 형태의 가공무역 비중이 높은 점도 그 원인이다.

소재 · 부품 등 허리산업이 취약해 중요 중간재와 자본재 수입 의존도가 높은 편이다. 국내총생산(GDP) 대비 중요 중간재 비중은 12.7%로 중국(8.0%), 독일(11.1%), 일본(2.3%), 미국(2.5%)보다 높다.

기술경쟁력도 약해 제조업의 부가가치 대비 연구개발(R&D) 비용은 2012년 9.8%로 일본(12.5%)에도 못 미친다. 기술경쟁력을 보여주는 기술수입 대비 기술수출은 0.41배(2011년 기준)로 여전히 적자 신세다. 자원부족으로 원유 등 원자재 일체를 해외에서 수입해 와야 하는 현실이다. 그로 인해 석유 · 석탄 정제 및 핵연료 제조업의 수출 부가가치 유출률이 88.2%로 가장 높았다.

수출 부가가치의 국내 잔존률이 낮은 현상이 장기화될 경우 성장잠재력이 약화돼 세계 수출시장에서 한국산 제품이 설 자리가 없어지게 될 것이다. 여기에 비가격 경쟁력 제고, 신산업 등을 국내 산업구조를 모방 형에서 창조 형으로 전환하지 않으면 계속 뒤 떨어질 가능성이 매우 높다.

② 경제 성장- 주요 교역 상대국 : 미·중·일

최근 들어서 한국의 최대 교역 상대국들인 미국과 일본, 중국 3국의 수출입 비중이 과거와 크게 달라져 지각변동이 생겼다. **수십 년간 미국과 일본이 각각 차지했던 한국의 최대 수출입국 자리를 중국이 모두 차지한 것이다.** 앞으로 일본과의 교역은 더 줄어들고 중국 쏠림 현상은 더욱 가속화될 전망이다.

우리나라 전체 수출액에서 미 · 일 · 중 3국이 차지하는 비중은 2014년 3분기 누적 기준 42.6%에 달한다. 중국이 24.9%(1061억 달러)로 가장 많고 미국이 12.0%(510억 달러), 일본이 5.7%(244억 달러)다[통계청 수출입통계]. 1970~1980년대까지만 해도 수출 비중은 미국이 압도적으로 높았다. 전체 수출액 중 30~50%가 대미 수출액이었다.

그러나 1992년 한 · 중 수교 직후 3%로 시작했던 대중 수출 비중이 빠르게 늘어 2003년에는 17.7%로 미국(17.6%)을 추월했다. 이후 대중 수출 비중은 2005년 21.9%로 올라갔으며 2013년에 25.8%로 정점을 찍고 올해 24.9%로 살짝 떨어졌다.

대일 수출 비중은 1973년 한때 36.8%로 미국(34.8%)을 추월하기도 했으나 계속 내리막길을 걷다가 2002년에는 9.3%로 한 자릿수에 들어섰다. 2014년 들어서 경기부양정책에 따른 엔저와 정치 외교적 갈등의 영향으로 역대 최저이자 미 · 일 · 중 3국 중 꼴찌인 5.7%를 기록했다. 2002년에 11.2%로 처음 10%대를 넘어선 대중 수입액 비중은 2007년 17.7%로 최대 수입국 일본(16.0%)을 따라잡았다.

중국이 소득 수준 향상으로 세계의 공장이면서 세계시장을 상당량을 점유하면서 세계의 공급 수요 시장 특히 아시아 시장의 판도를 바꾸고 있다. **한국의 대중 수출과 수입은 2010~2013년간 연평균 10%대 성장을 이어 왔다. 최근에 체결된 한 · 중 FTA는 지리적 인접성, 세계 최대**

인구 등 '제2의 내수시장' 조건에 맞는 중국과 교역 확대를 더 부채질할 것으로 보인다.

반면 일본과의 교역은 앞으로도 감소세를 지속할 가능성이 크다. 일본은행의 양적완화 단행으로 엔저가 가속화돼 한국 제품의 대일 가격 경쟁력이 떨어지고 있기 때문이다. 일본의 자국 내 생산시설 감축과 해외 투자 확대에 따른 수입 수요 위축, 소비세 인상 여파 등도 대일 수출 감소 요인이다.

중국 국내총생산(GDP)이 1% 하락하면 한국 GDP에 0.08% 내외의 부정적인 영향을 미친다는 것이 전문가의 분석이다. 이 같은 효과를 고려할 때 한국은 중국 외 신흥시장을 개척하고 대중 수출은 투자보다 소비와 연결된 부분으로 확대하는 것이 바람직하다.

32

경제성장과 실업, 물가

국민이 피부로 느끼는 직접적인 고통은 성장과 물가, 실업(고용)의 갈등에서 찾는다. 일찍이 미국 경제학자 아서 오쿤은 국민이 피부로 느끼는 고통은 실직과 물가고라고 보았다.

경제생활에서 직접 실감하는 경제적 고통은 실직과 물가고다. 돈이 막강한 위력을 발휘하는 세상에서 소득을 창출하는 일자리를 구하지 못한 것처럼 비참한 것이 없다. 일자리가 없으면 소득이 없고 소득이 없으면 돈을 만질 수 없기 때문이다.

이 뿐만 아니다. 교육을 받은 사람이 일할 기회를 얻지 못하면 배운 지식을 낭비하고 경험을 쌓을 기회를 잃는다. 직장에서 일하던 사람들이 실직하면 소득을 잃고 직업에서 얻을 수 있는 숙련기회를 박탈당한다.

물가 급등은 실질적인 소득감소를 가져오고 생존에 필요한 재화구매량이 쪼그라들어 소비량을 줄여야 한다. 절대다수의 국민들이 실직과 물가고에 시달리면 말로 다 할 수 없는 가장 큰 고통이다. 이런 고통은 국민들의 생존까지 위협하기도 한다.

아서 오쿤은 국민이 피부로 느끼는 경제적 삶의 질을 구체적으로 계량화한 경제적 고통지수(Economic Misery Index)를 개발하였다. 그는 경제적 고통을 소비자물가상승률과 실업률의 합으로 산출한 지수로 측정하였다. 국민들의 경제적 고통은 실직과 물가 상승에서 직접적으로 가장 괴로운 고통을 느낀다고 생각한 것이다. 이 고통지수가 높다는 것은 고실업 고물가로 피부로 느끼는 경제적 고통이 크다는 것을 방증한다.

그렇다면 한국 사람들이 어느 정부 때 가장 심한 경제적 고통을 느꼈을까? 한국 통계는 **이명박 정부가 집권한 5년(2008~2012년)** 동안 국민들이 가장 큰 경제적 고통을 느꼈던 것으로 나타났다. 경제적 고통이 가장 심했던 곳은 국내에서 지역개발이 가장 두드러졌던 곳이다. 가장 많이 몰려든 공장과 일자리가 집중된 인천, 서울, 부산 순으로 나타났다.

상대적으로 경제적 고통이 덜했던 지역은 소외되고 공장이 들어서지 못했던 곳, 일감이 없는 한적한 곳이었다. 그런 곳은 당연히 제주, 전남 등이다. 공업과 사람들이 집중적으로 몰려 있는 서울 등 도시지역은 실업에 따른 경제적 고통이 가장 크게 노출되는 것이다. **또 하나 주목할 것은 경제를 잘 안다는 이명박 정부 때의 경제적 고통지수가 노무현 정부 때보다 더 높은 것으로 나타났다.**

이명박 정부 5년간 경제적 고통지수(Economic Misery Index)는 연평균 6.76(전년대비 물가상승률 3.34%, 실업률 3.42%)으로 나타났다. 연도별로 보면 경제적 고통지수는 이명박 정부 첫해인 2008년 7.9로 임기 중 가장 높았다. 금융위기 당시 유가가 뛰고 국제원자재 가격도 올라 물가상승률이 전년대비 4.7%나 급등했다. 정부는 민생 안정과 밀접한 52개 품목을 MB물가 품목으로 지정하기도 했다.

다음해인 2009년은 6.4로 떨어졌다. 물가상승률은 기저효과로 2.8% 정도 올랐지만, 금융위기 여파로 실업률이 3.6%로 전년대비 0.4%포인트나 올랐다. 2010년에는 실업률(3.7%) 탓에 6.7로 소폭 오른 뒤 2011년은 물가(4.0%)가 많이 올라 7.4로 뛰었다. 마지막 해인 지난해에는 물가안정(2.2%)으로 5.4로 떨어졌다. 지역별로 보면 인천의 경제고통지수가 연평균 7.82로 전국 광역자치단체 중 가장 높았다. 이어 서울(7.62), 부산(7.38), 대구(7.10) 등 공업이 가장 빠르게 성장한 도시지역의 경제적 고통이 컸다.

특히 도시지역은 실업률의 영향이 컸다. 인천은 연평균 실업률이 4.58%로 물가(3.24%)에 비해 1.34%포인트나 높았고, 서울은 1.14%포인트, 부산 0.3%포인트, 대구 0.46%포인트 각각 높았다. 반면 제주는 연평균 지수가 4.88로 전국 광역 지자체 중 가장 낮았다. 전남(5.34), 강원(5.50), 충북(5.54) 등도 낮은 편이었다. 농촌지역이 도시보다 지수가 낮은 것은 고령층 중 농업종사자들이 많다 보니 실업률이 낮고, 농산물 등의 유통단계가 짧아 물가 부담도 작았기 때문이다.

또 **노무현 정부 5년간과 비교하면 이명박 정부의 경제적 고통지수가 0.3 높았다. 이명박 정부가 물가상승률은 0.42%포인트 높았고, 실업률은**

0.12%포인트 낮았다. 국민들의 경제적 고통은 이명박 보수정부 시절이 최고조였다. 같은 정통보수의 뿌리를 둔 박근혜 정부의 5년 집권 동안 앞으로 어떤 시나리오가 펼쳐질 것일까? 국민들은 주어진 한국정치의 현실 앞에서 박근혜 정부의 경제정책을 지켜 볼 것이다[세계일보, 2013.4.24.이귀전 기자/기획재정부/통계청].

33

경제성장과 경기 변동성

한국의 경기 변동성이 글로벌 금융위기 이후 크게 축소됐다. 한국은행은 경제성장률이 낮아진 상황에서 경기 변동성까지 축소되면 경기 부진이 장기화할 수 있다고 진단한다[서울=연합뉴스 박초롱 기자, 2014.11.21/강한구 한은 조사국 동향분석팀 차장, 경제의 변동성 축소 원인과 시사점].

한국의 국내총생산(GDP) 순환변동치 표준편차는 1990년대 1.43에서 2000년대 1.00, 2010년 이후 0.54로 계속 낮아졌다. 이는 외환위기와 금융위기를 제외한 기간에 대한 통계를 낸 것이다. 경기 변동성은 GDP 순환변동치 표준편차를 통해 측정한다. 한국의 경기 변동성은 추세적으로 축소되는 모습이고 민간소비, 설비투자, 수출 등 모든 수요 부문에서 변동성이 줄었다.

보통 경기 변동성이 줄어들면 한 나라 경제의 안정성이 높아지고, 불확실성이 줄어든다. 이에 따라 투자 규모와 성장률이 높아지는 효과가 있는 것으로 해석한다. 그러나 경제성장률이 낮아진 상황에서 경기 변동성 축소가 함께 나타나면 경기 상승 동력을 확보하기 어려워지면서,

경기 부진이 길어질 수 있다는 것이 한국은행 측의 설명이다. 이 같은 설명이 맞는 논리일까?

한국의 경기 변동성이 축소된 원인으로는 물가변동성 감소, **금융발전, 서비스업의 비중 증가,** 추세 성장률의 지속적인 하락, 경상수지 흑자 기조의 지속 등을 꼽고 있다. 한국은행이 물가안정목표제를 도입 시행하면서 기대 인플레이션 변동성이 축소됐고, 값싼 중국산 수입품으로 물가변동성이 감소해 경기 변동성이 줄었다고 분석한다.

또 **제조업에 비해 변동성이 상대적으로 작은 서비스업이 고용 · 생산에서 차지하는 비중이 지속적으로 상승한 점, 세계 경제의 변동성이 전반적으로 축소된 점**도 원인으로 꼽고 있다.

따라서 대외 충격이 줄어서가 아니라 내재적인 성장 동력이 위축돼 경기변동성이 축소한 경우를 경계해야 한다는 것이다. 경기 모멘텀을 확보하고 성장 잠재력 확충하기 위한 다양한 정책적 대응 방안이 필요하다고 말한다.

실물경기의 변동성 축소가 금융시장이나 자산시장의 변동성 축소를 의미하는 것은 아니라고 해석(?)하면서 오히려 **자산시장의 불균형이 커진 이면을 반영**하는 현상일 수 있다(?)는 해괴한 해석을 낳고 있다.

34

경제성장과 고용 창출 악화

한국 경제의 고용 창출 능력이 갈수록 나빠지고 있다. 성장을 해도 예전처럼 일자리가 늘지 않는다. 특히, 수출 부문의 고용 창출력은 다른 최종수요 항목인 소비나 투자에 비해 크게 떨어지고 있다.

한국 수출은 재벌 계열 대기업들이 장악하고 있는 점을 고려하면 이들 대기업의 고용 창출 능력에 이미 한계선상에 있다는 것을 시사한다

[서울=연합뉴스, 방현덕 기자, 2013.8.23/한국은행; 산업연관표를 이용한 한국 경제구조 분석].

2011년 한국 수출의 취업유발계수는 7.3명에 그쳤다. 이는 2005년의 10.8명보다 3.5명이 줄었다. 취업유발계수란 해당 부문에 10억원의 추가 수요가 생길 때 직간접으로 창출되는 일자리다.

즉 6년 전엔 휴대전화나 자동차 등 수출이 10억원 늘 때 약 11명이 새로 고용됐는데 이젠 7명분의 일자리만 생긴다는 얘기다. 소비의 취업유발계수도 같은 기간 19.1명에서 15.3명으로 4명가량 줄었다.

투자 역시 15.3명에서 12.0명으로 3명 감소했다. **소비 · 투자 · 수출을 모두 고려한 전체 평균 취업유발계수 역시 15.8명에서 11.6명으로 악화했다. 다시 말해서 수출, 소비 투자 등을 합계한 총수요 증대가 가져오는 취업자 유발 숫자가 크게 감소한 것이다.**

특히 다른 부문보다 수출의 취업유발계수가 낮은 것은 수출을 구성하는 산업들의 계수가 낮기 때문이다. 생산과정에 기계가 많이 들어가고 국내 대신 국외 고용이 많은 수출산업이 다수란 것이다.

실제로 2011년 전기전자기기 업종의 취업유발계수는 6.1명으로 평균(11.6명)의 반절에 불과했다. 여기엔 스마트폰 등 한국의 대표 수출품목이 해당된다. 이마저도 2005년 8.3명에서 줄어든 것이다.

또 다른 대표품목 자동차가 포함된 수송장비업 역시 6.8명으로 부진했다. 2005년(9.9명)과 비교해선 3명이 감소했다. **현재 스마트폰의 해외 생산 비중은 80%에 달한다. 국내 최대 자동차업체의 해외 생산분도 60%를 넘었다.**

산업별로는 농림어업의 취업유발 계수는 2011년에 36.0명으로 2005년의 51.1명에 비해 크게 줄었다. 서비스업도 19.5명에서 15.8명으로 줄었고 제조업은 12.2명에서 8.7명으로, 광업은 10.4명에서 8.0명으로 각각 감소했다. 전력 · 가스 · 수도 및 건설업은 10.1명에서 7.8명으로 줄었다. 앞으로 취업유발계수 하락세는 상당기간 이어질 것으로 본다[서울=연합뉴스, 방현덕 기자, 2013.8.23/한국은행; 산업연관표를 이용한 한국 경제구조 분석].

한국경제는 부가가치가 큰 기업 창업과 좋은 일자리를 창출 능력이 약하다. 정부 독려로 창업이 늘고 있지만 일자리 창출엔 별 도움을 주지 못하고 있다. 절반 이상이 생계형 창업이기 때문이다. 2008년 5만855개이던 신설법인 수는 2011년 6만5110개로 연평균 9.35% 증가했다.

양적으로 일자리를 의미하는 창업이 꾸준히 늘고 있다. 문제는 질적 측면의 취약성이다. **2010년 전체 창업 법인의 52.5%가 생계형인 도소매업(25.1%)과 숙박 · 음식점업(27.4%)이다. 혁신 형 기업으로 분류되는 제조업의 '첨단 · 고급기술 업종'과 1인 창조기업의 '전문지식 서비스업'은 4.3%에 그쳤다.**

창업시장이 부가가치가 큰 기업가적 창업보다 생계형 창업에 치우쳐 있음을 말해준다. 경제협력개발기구(OECD) 회원국의 생계형 창업비중 30%와 비교하면 20%포인트나 높다. 이런 흐름은 10여년째 이어지고 있다[세계일보, 2013.8.20/기획재정부/고용노동부/한국노동연구원].

창업이 위축되는 이유 중 하나는 창업과 기업성장의 주요 동력이었던 대기업 납품의 불안정성이 가장 크다. 대기업의 단가 후려치기와 일감 몰아주기 등 대기업의 불법 · 탈법 행위가 창업 의욕을 떨어뜨린다는 것이다.

창업자에 대한 불신, 정보부족으로 인력 · 자금 조달이 어려운 점도 걸림돌이다. 이런 여건으로 창업예비군들의 관심이 혼자서 소자본으로 창업할 수 있는 생계형 아이템에만 집중되는 흐름이 이어지고 있는 것이다.

더욱이 생계형인 숙박 · 음식점업의 경우 평균 생존율은 창업 3년 후 43%, 5년 후 27%, 10년 후 13%로 전체 평균 55%, 39%, 24%를 크게 밑돌았다. 산업별로 보면 제조업 창업기업의 최근 10년간 고용 창출 인원은 연간 5.46명으로 전체 기업 평균(2.85명)의 2배에 달했다. 서비스업(2.61명)은 평균에 못 미쳤다. 특히 제조업 가운데 고급기술과 중급기술이 각각 6.32명, 6.55명으로 평균의 2배를 넘었다[세계일보, 2013.8.20/기획재정부/고용노동부/한국노동연구원].

35

경제성장과 저생산성의 불안한 자영업자들

한국 자영업의 비정상적인 팽창은 고성장이 낳은 결과이지만 고용과 소득의 상실, 경제 불안, 불경기를 유발하는 진원지이기도 하다. 2012년 7월 자영업자 수는 586만 명, 2011년 1월 이후 58만 명 급증했다. 2년 전부터 본격화된 베이비붐 세대 은퇴가 미친 영향이 컸다.

특히 이들이 진입장벽이 낮은 식당 등 생계형 서비스 부문 창업에 내몰린 탓이다. 생계형 업종일수록 지나친 경쟁과 내수 침체와 맞물려 폐업이 급증한다. 2010년의 경우, 폐업한 사업체의 42%가 2년 미만 업체였다.

이 가운데 도소매업, 숙박·음식업의 폐업 비율은 각각 41%, 40%로 33%인 제조업보다 높다. 2011년 기준 자영업자의 근로자 대비 소득은 77%에 불과했다. 월 평균 순이익은 2007년 182만 원에서 2010년 149만 원으로 급감했다. 이런 상황에서 자영업 창업이 계속 늘면 대량 폐업과 신용불량자 양산, 실업자 양산 등 사회 문제를 야기할 수 있다[YTN, 2012.8.27.].

한국의 도·소매 및 음식점 업종은 2011년 개인사업자 폐업의 50.3%를 차지하였다. **한국의 자영업자는 경기 악화의 충격을 민감하게 크게 받으면서 쉽게 취약계층으로 떨어진다.** 음식점 영업에서 2011년 18만9천명이 창업하고 17만8천명이 폐업해 창업 대비 폐업률(94.3%)이 전체 평균(85.0%)을 크게 웃돌았다.

영세 자영업 분야의 과당 경쟁이 치열해지면서 구조조정 압력이 계속될 수밖에 없다. 1월 자영업자 수는 작년 같은 달보다 2만1천명 줄어 18개월 만에 감소했다. 음식숙박업(-2만8천명)과 도소매업(-2만8천명)이 가장 크게 위축됐다. 자영업자 증가세 둔화에는 인구 효과도 가세한 것으로 보인다.

베이비붐 세대(1955~1963년)가 2011년부터 모두 50대로 진입해 은퇴 후 자영업 창업에 활발한 50대 이상 인구 증가 폭이 줄었다. 정년 연장과 퇴직 후 재취업으로 임금 근로자의 근속 기간이 늘어난 점도 영향을 미쳤다[연합뉴스, 박수윤 기자, 2013.3.7.].

한국 자영업의 특징은 선진국에 비해 비정상적으로 높은 비중인 점, 경기불안 장기화로 자영업자가 급증하고 있는 점, 대부분 부가가치가 낮은 지영업종에 집중된 점 등이다. 이러한 현상은 조기 퇴직과 불안한 고용상태, 경기민감 업종의 성격 탓이다. 따라서 경기 침체가 장기화되면 될수록 대규모 폐업이 발생하고 자영업자의 대량 대출부실을 가져온다.

자영업자 수는 2000년대 초반 620만 명을 넘어서고서 계속 감소하다가 2011년 7월 이후 다시 늘고 있다. 베이비부머 세대의 은퇴와 함께 구직난에 시달린 청년들이 창업에 대거 나선 결과다. 올해 5월 자영업자는 지난해 말보다 33만여 명 증가한 585만 명이다. 신규 자영업자 대부분은 경쟁이 치열한 '레드오션(포화시장)'에 집중됐다. 숙박음식업 · 도소매업 · 건설업 등이 바로 그 업종들이다.

2012년 5월 말 현재 숙박 음식업에서 자영업자 비중은 31%에 달한다. 이미 포화상태인데도 올해만 신규 자영업자가 5만명이 증가했다. 도소매업도 마찬가지다. 자영업자의 비율이 34.5%에 달하지만 같은 기간 5만 명이 새로 가게를 차렸다. 23.7%가 자영업자인 건설업에는 4만4천 명이 증가했다.

더 큰 문제는 이들 산업이 대표적인 저부가가치 산업이란 것이다. 올해 1분기 숙박음식업의 1인당 명목 부가가치(명목 국내총생산/취업자수)는 210만원에 불과했다. 도소매업은 650만원, 건설업은 740만원이었다. 제조업은 1인당 부가가치가 2천만원을 넘고 부동산은 4천200만원이나 됐다.

포화시장에 수익이 낮은 신규 창업자만 몰려든 셈이다. 내수경기가 위축되고 자영업자 간 경쟁이 심화하며 대규모 폐업이 발생하면 대출부실화하면 자영업자가 한국경제의 시한폭탄으로 될 수 있다. 실제로 2012년 5월 말 현재 개인사업자대출은 164.8조로 지난해 같은 기간보다 6조3천억원 늘었다. 여러 금융회사의 빚을 진 다중채무자 가운데 자영업자 비율이 50%를 넘어섰고 자영업 다중채무자의 연체율은 1.82%로 직장인(1.24%)보다 1.5배나 높다[서울=연합뉴스, 방현덕 기자, 2012.7.9.].

한국의 자영업자는 경제활동인구 2511만여명 가운데 28.6%를 차지하는 718만여명에 이른다. 여기에는 실제 자영업자 583만여명과 보수를 받지 않고 일을 돕는 가족 135만여명이 포함돼 있다. 인구 10명 중 3명이 자영업자인 셈이다. 여기서 주목할 점은 보수를 받지 않고 일을 돕는 가족 135만 여명은 학술적인 실업 개념에 따르면 실업자에 포함시킬 수 있는 사람들이다[통계청; 6월 고용동향].

국내 자영업자 비중은 29.3%(2008년 기준)로 OECD 가입국 중 4번째로 높다. 미국(7%) · 독일(11.7%) · 일본(13%) · 영국(13.4%) 등 선진국보다 훨씬 높고, 평균(15.8%)과 비교해도 두 배가량 된다[2008년 경제협력개발기구(OECD) 조사].

36

경제성장과 비생산적 국부 증대

한국 국부의 구성비중은 실물자산에 해당하는 비금융자산 비중이 매우 높다는 것이 특징이다. **실물자산에서 토지자산의 비중이 절반을 넘어섰고 건설자산까지 합치면 88%에 달했다. 가계자산의 70% 이상이 부동산에 쏠린 한국 경제의 특성을 그대로 보여주고 있다.**

전체 자산 가운데 실물자산이 차지하는 비중 66%는 주요 선진국의 30~40%에 비해 눈에 띄게 높은 수준이다[서울=연합뉴스 경수현 박초롱 기자, 2014.5.14/ 통계청/ 한국은행].

국민계정통계의 국제 기준에 맞춰 처음으로 국민대차대조표를 개발한 결과에서 나타난 **국부의 구성 비중에서 2000년 이후 한국의 전체 비금융자산에서 토지자산의 비중은 52.2%를 차지했다.**

비금융자산은 주로 매매거래가 아닌 가격 등락에 다른 보유손익으로 증감했다. 보유손익은 2006년 이후 비금융자산 증감의 64.9%를 차지했다. 보유손익 비중은 부동산 경기가 둔화하면서 2006년 73.3%에서 2012년 57.4%로 완화됐으나 여전히 비금융자산 증가의 절반을 넘었다.

토지자산은 2000년 GDP의 3.1배에서 2012년 4.1배 수준으로 증가했으며 유형별로는 건물 부속토지의 금액 비중은 확대(59.2%→61.8%)되고 면적이 큰 임야는 오히려 금액 비중이 축소(7.1%→6.5%)됐다.

국토에서 임야의 면적 비중이 2000년 65.5%에서 2012년 64.1%로 낮아지고 건물 부속토지는 같은 기간 3.1%에서 4.1%로 높아지기도 했지만 기본적으로 지가 차이가 크게 벌어진 영향이 크다.

추정 시가로 환산한 1㎢당 평균지가는 건물 부속 토지가 2000년 3천795억원에서 2012년 8천524억원으로 상승했다. 같은 기간 임야는 22억원에서 57억원으로 올랐다. **고정자산 축적이 선진국 평균 수준(3.5배)에 도달하면서 경제 활력이 떨어지는 경향도 나타났다.**

생산함수의 자본투입에 해당하는 자본서비스는 외환위기를 거치며 증가율이 대폭 둔화했다.

1993~1997년 평균은 11.0%였으나 2000~2004년은 5.5%로 낮아졌고 2012년에는 4.0%에 그쳤다. 외환위기 이후 민간의 투자가 위축되면서 **사회간접자본 투자 등 정부의 역할이 증대**된 영향으로 정부의 보유자산 비중은 늘었다.

1970~1997년 일반정부의 고정자산 비중(생산자본 스톡 기준)은 평균 18.8%였지만 외환위기 이후 점차 늘어 2012년에는 21.9%를 차지했다. 고정자산 감가상각률은 1990년 이후 5.7% 내외에서 안정적인 움직

임을 보였다.

가계 및 비영리단체의 자산에서 비금융자산이 차지하는 비중은 66%로 미국(30%), 네덜란드(29%), 일본(40%), 캐나다(43%)에 비해 높았다. 순금융자산(금융자산-금융부채)을 기준으로 하면 우리나라의 비금융자산 비중은 78%로 뛰어오른다. 금융회사를 제외한 일반법인은 65%를 비금융자산으로 보유하고 있다. 금융자산 보유비중은 35%로 미국(42%), 일본(48%), 프랑스(54%) 등 주요국보다 낮은 편이다.

토지 보유가치가 높게 평가됨에 따라 한국 비금융기업의 순자산은 국내총생산(GDP)의 1.1배로 프랑스(0.93배), 네덜란드(0.85배), 호주(0.46배) 등 주요국보다 상대적으로 높다. 정부의 토지자산 보유 비중도 22%로 주요국보다 크게 높다. 호주, 캐나다, 네덜란드, 프랑스, 일본 정부의 토지자산 비중은 10%이거나 그 이하다.

한국의 GDP 대비 연구개발(R&D) 지출 비중은 4.0%로 이스라엘(4.2%)에 이어 2위를 차지한 다. 이는 새 국민계정체계(2008 SNA)를 도입한 국가를 대상으로 분석한 결과다. **지식재산생산물 자산 총액은 R&D의 자본화에 힘입어 1970년대 전반 GDP의 2.0% 정도에서 2012년에는 18.3%까지 급증했다.** R&D를 중심으로 지식재산생산물의 자산 비중은 확대 추세다. 지식재산생산물의 자산 가액이 전체 고정자산에서 차지하는 비율은 1970년대 전반 1.3%에 불과했으나 2012년에는 5.3%로 늘었다.

가계의 자산에서 부동산 위주 실물자산 비중이 높고 주요 선진국에 비해 금융자산 비중은 낮다는 점이 이번 국민대차대조표에서 다시 한 번 확인됐다. 한국 경제에서 금융자산 비중이 낮다는 점은 **자금이 부동산 등 비생산적인 곳에 흘러가고 주거비용만 높일 수 있다.** 가구당 평균 보유자산은 2013년 3월 기준 3억2천557만원으로, 이 가운데 금융자산은 26.7%(8천700만원)이고 금융자산은 73.3%(2억3천856만원)였다[가계금융·복지 조사].

부동산에 돈이 묶이면 투자가 잘 안 되는 등 자금 융통 측면에서 구조적인 문제가 나타난다. 부동산 가격이 오를 때는 큰 문제가 안 되지만 지금처럼 시장이 좋지 않으면 경기에 상당한 타격을 준다. 고정자산 축적이 선진국 평균(3.5배)에 도달해있다는 점도 우려스런 대목이다.

과도한 고정자산 비중은 최근 낮은 설비투자 증가율을 반영하는 것으로 보인다. 기업가의 도전 정신만 탓하기에는 한국 경제가 높은 투자 증가율을 유지하기에 구조적으로 쉽지 않다는 것을 보여주고 있다.

37

한국의 고도성장기–전폭적인 정책금융지원과 혜택

한국 경제성장은 90년대 초반까지 정책금융이 절대적으로 중요한 역할을 담당했다. 정책금융은 주로 산업은행 기업은행, 주택은행 등이 담당하였다. 수출 촉진 지원 자금 및 중소기업육성 자금 지원, 장기시설자금 등은 수출입은행, 기업은행, 장기신용은행이 담당하였다.

경제개발 기간 동안 정책금융은 금융기관 대출에서 매우 높은 비중을 차지하였다. 예금은행 및 산업은행의 시설자금대출 잔액 대비 산업은행 시설자금대출 잔액 비율은 1962-1993년 기간 동안(평균) 농림어업 0.1% 광업 60.7% 제조업 47.5% 사회간접자본 95.7% 서비스 기타 50.2%를 차지하였다.

예대금리(역 금리)차이 추이(1961-71년)

년도	정기예금 금리(1)	상업어음 할인(2)	예대 금리차이 (2)-(1)	수출어음 금리차이 (3)	예금수출 금리차이 (3)-(1)	일반대출 수출금리차이 (2)-(3)
1961	15.0	13.87	-1.13	13.87	-1.13	0.00
1962	15.0	13.87	-1.13	9.13	-5.87	4.74
1963	15.0	13.87	-1.13	9.13	-5.87	4.74
1964	15.0	14.00	-1.00	8.00	-7.00	6.00
1965	30.0	24.00	-6.00	6.50	-23.50	17.50
1966	30.0	24.00	-6.00	6.50	-23.50	17.50
1967	30.0	24.00	-6.00	6.00	-23.50	17.50
1968	25.2	26.00	-0.80	6.00	-19.20	20.00
1969	22.8	24.60	-1.80	6.00	-16.80	17.40
1970	22.8	24.00	-1.20	6.00	-16.80	17.40
1971	21.3	22.00	-0.70	6.00	-15.3	16.00

주) 금리는 연말기준 1년 만기 예금, 상업어음할인, 전국도매물가

자료: 이근식/신태곤 자료 재인용 필자 계산

공금리와 사채금리 및 수출금리와 일반금리 간 금리차이 추이(1961-71년)

년도	은행일반 대출금리(1)	수출어음 할인(2)	사채 이자율(3)	일반대출과 수출금리차이(1)-(2)	공금리와 사채금리차이(3)-(1)
1961	13.87	13.87	-	0	-
1962	13.87	9.13	-	4.74	-
1963	13.87	9.13	52.4	4.74	37.40
1964	14.00	8.00	61.4	6.00	47.40
1965	24.00	6.50	58.8	17.50	34.80
1966	24.00	6.50	58.7	17.50	34.70
1967	24.00	6.00	56.4	18.00	32.40
1968	26.00	6.00	55.9	20.00	29.90
1969	24.60	6.00	51.2	18.60	26.60
1970	24.00	6.00	50.8	18.00	26.80
1971	22.00	6.00	46.3	16.00	14.30

주) 일반대출금리는 상업어음할인금리로서 공금리로 간주함. 사채금리는 비공식금리임.

자료: 이근식/신태곤 재인용 자료에 근거한 필자 계산

사회간접자본시설은 거의 정책자금으로 조달되었다. 제조업 가운데에서는 중공업 53.1% 1차 금속 70.3% 비금속광물 70.3% 화학 55.5% 등의 산업이 50% 이상 높은 정책금융 비중을 보였다[산업은행 조사월보 및 한국은행 조사통계월보 각호]. 한국 금융은 1990년대 이전까지만 해도 자본시장이 발달하지 못했기 때문에 주로 은행금융을 활용하는 경제개발을 추구하였다.

경제개발을 촉진하기 위해 금융기관의 금리를 직접 통제하면서 인위적인 저금리정책을 사용하였다. 한 때는 물가 상승을 억제하고 국내저축의 동원을 위해 고금리 예금과 저금리 대출의 역 금리정책을 사용하기도 하였다. **경제개발정책은 금융을 실물경제를 지원하는 정책수단으로서 자금 동원 역할이 강조되었다. 이 과정에서 정부의 금융개입과 금융억압(financial repression)이 심화되기도 하였다.**

한국, 대만, 일본의 물가상승률 국제비교

한국 경제성장 도약 기간	일본 경제 초고속 성장 기간	대만 경제 도약 기간
동란 직후 경제 1954~56년 42.6%	1946-50년 44.4%	1952-56년 10.1%
경제 복구 기간 1957-61년 9.6%	1951-55년 6.3%	1957-61년 7.7%
제1차 5개년계획1962~66년 19.7%	1956-60년 1.5%	1962-66년 2.4%
제2차 5개년계획1967~71년 15.0%	1961-65년 6.1%	1967-71년 4.9%
제3차 5개년계획1972~76년 20.9%	1966-70년 5.4%	1972-76년 12.2%
제4차 5개년계획1977~81년 19.6%	1971-75년 11.5%	1977-81년 10.2%
제5차 5개년계획1982~86년 4.2%	1976-80년 6.4%	1982-87년 1.7%

주) 한국 대만 일본의 경제성장 연평균 소비자물가상승률 %

자료: Soon Cho, Economic Development in Korea : Some Characteristics and Problems during the Past Four Dacades, Seoul Journal of Economics 1990, Vol.3 No.1 PP. 101-126, 재인용, 재인용 및 필자 추가 보완

실질 예금금리의 추이

년도	물가 상승률(1)	정기예금 금리(2)	실질예금 금리(2)-(1)
1961	13.2	15.0	-1.8
1962	9.4	15.0	+5.6
1963	20.6	15.0	+5.6
1964	35.1	15.0	-15.1
1965	9.9	30.0	-20.1
1966	8.6	30.0	-21.4
1967	6.5	30.0	-23.5
1968	8.1	25.2	-17.1
1969	6.9	22.8	-15.9
1970	9.4	22.8	-13.4
1971	8.6	21.3	-12.7

주) 금리는 연말기준 1년 만기 예금, 상업어음할인, 전국도매물가

자료: 이근식/신태곤 자료 재인용 필자 계산

한국경제는 전두환-노태우 군부집권기인 1980년대에 단계적인 금융 개방화와 자율화가 진행되었고 김영삼 민간정부가 들어선 90년대에는 개방 속도가 빠르게 진척되었다. 우리나라 금융 산업은 규모의 면에서 짧은 기간 동안 빠른 속도로 성장하였다. 특히 1980년대 물가안정과 그 동안의 급속한 소득확대에 힘입어 저축이 지속적으로 증대되었고 금융 자산 선호도 다양화되어 어느 정도 금융자산이 축적되었다.

금융 산업의 발전과 성장 지표를 나타내는 금융자산총액 대비 경상 GDP 비율 즉 금융관련비율(financial interrelation ratio)이 1970년 2배를 상회하였다. 1980년대부터 계속 증가하여 2000년에는 7.5배에 도달하였다. 지난 30년 동안 금융자산은 경제규모에 비해 연평균 4.3%로 더 빨

리 성장한 것이다. 우리나라 금융 산업은 양적으로 볼 때 선진국에 비해 매우 빠르게 성장하면서 다양한 금융기관이 많이 출현하였다.

그러나 한국 금융기관의 영업 내용은 선진국의 금융기관들에 비해 크게 뒤떨어져 있다. 자유화, 국제화 수준, 국제경쟁력, 대외공신력, 효율성 등의 측면에서 선진국에 비해 크게 뒤떨어져 있다. 특히 한국 금융기관의 국제금융 업무는 크게 뒤 떨어져 있다. 주로 수출입분야의 외국환 업무 등 단순 업무에 머무르고 있다. **한국의 금융 산업이 일반산업에 비해 상대적으로 크게 낙후된 요인은 지난 반세기 동안 정부의 불균형 성장전략에 따라 특정 산업과 기업 및 지역에 자금배정이 이루어지는 관치금융에 따른 것이다.**

이러한 폐습은 아직도 여전히 남아 있다. 금융기관의 인사와 예산, 조직 등 내부경영에 정부개입이 지배하였다. 비리 금융 등이 비일비재하였다. 정부 입김은 여전히 자행되고 있다. 금융기관 스스로도 선진금융기법을 습득하는데 등한시 하였다. 이러한 여러 요인으로 한국은 금융 후진성 면치 못하고 있다.

관치금융의 악순환은 자금을 비효율적으로 배분하는 결과를 초래하였다. 대출자산의 부실화와 정부 구제금융의 반복되는 사태를 가져왔다. 결국 1997년 12월 외환위기라는 금융 붕괴를 가져왔다. 한국의 금융 산업은 외환위기 이후 대대적인 구조개혁을 단행했지만 관치금융은 청산되지 못하고 있다. 관치금융은 결국 실물경제를 교란하고 경제성장을 가로막는 부작용을 초래한 것으로 보인다.

한국 정책자금지원의 대표적 유형

자 금	상환기간(년)	거치기간(년)	대출금리(%)
일반산업자금	20	5	9.0-13.5
재정자금			
일반사업	20	5	10.0
특수사업	20	5.	5.0-10.0
특수자금			
국민투자기금	8-10	3-5	10.0
공업발전기금	7-8	5	10.0
산업합리화자금, 특별설비자금	8	3	10.0-13.5
기술개발자금			
계획 선박자금, 기계국산화자금	8	3	10.0-13.5
생산기술개발자금			
자동화설비자금, 첨단산업육성자금	8	3	10.0-13.5
산업기술향상자금, 산업구조조정자금	10.0	3	5.0-8.0
특별설비자금			
기계공업육성자금	8-10	1-5	10.0
전자공업진흥자금	5	3	6.0-7.0
특별설비자금	-	-	-

자료: 한국산업은행, 한국산업은행 30년사, 한국산업은행 40년사

주) 대출 금리는 최저 금리와 최고 금리를 나타냄. 특별설비자금 금리는 원조재원으로 한 자금으로 초저금리수준이었다

38

경제성장과 서비스산업의 비정상 비대증

한 나라의 경제가 고도화되면 될수록 산업구조가 농림어업 중심의 1차 산업에서 공업 중심의 2차 산업으로 비중이 이동하고 선진화된 경제일수록 2차 산업 비중이 줄어들면서 3차 산업 비중이 높아간다.

한국경제도 지난 70여 년 동안 성장과정을 밟으면서 이와 같은 1차-2차-3차 산업으로 이동하는 과정을 경험하고 있다. 그러나 3차 산업 중 한국의 서비스 업종은 선진국에 비해 크게 낮은 저생산성을 보이고 있을 뿐만 아니라 경기 진폭과 실업 변동성을 키우는 심각한 경제 불안 요소로 등장했다. 특히 자영업은 경제적 및 사회적인 이슈로 떠오르고 있다.

선진국에 비해 크게 뒤떨어진 빈약한 연금장치를 가진 한국의 핍박한 현실에서 은퇴한 퇴직자들은 인생 2막을 위해 손쉽게 뛰어드는 게 서비스 자영업에 뛰어든다.

최근 한국의 베이비 부머(1955-1963년 출생)들이 50대에 들어서 본격적인 퇴직을 시작했다. 베이비부머들이 정년 58세를 넘어 은퇴를 시작한 2012년 이후 자영업에서 50대 비중이 꾸준히 늘어 60%에 육박한다.

그러나 **50세 이상 자영업자 가운데 거의 절반이 월수입 100만원 미만이다. 간신히 자신의 인건비나 벌며 버티고 있다**[한국일보, 변태섭기자, 2015.7.31.].

한국의 자영업자들은 50세 이상 비임금근로자(자영업)의 44.7%가 월평균 100만원 미만의 수입을 올리고 있다. 이어 100만~200만원 21.3%, 300만원 이상 17.9%, 200만~300만원 16.1% 순이었다[국민연금연구원; '중 · 고령자 경제생활 및 노후준비 실태' 연구보고서].

특히 여성이고 나이가 많으며 최종학력이 낮은 50세 이상 자영업자일수록 수입이 낮았다. 월평균 100만원 미만 수입 비율은 여성이 72.7%인 반면 남성은 22.3%에 그쳤다. 연령대별로는 50대 28.4%→60대 52.3%→70대 72.7%→80대 이상 86.7%로 나이가 많아질수록 비율이 높아졌다.

최종학력에 따라서도 차이가 컸다. 무학(無學) 78.5%, 초졸 70.1%, 중졸 45.2%, 고졸 28.0%, 대졸 이상 13.6%가 100만원 미만의 수입을 올렸다. 반대로 월평균 수입이 300만원 이상인 비율은 대졸자 이상이 53.6%로 가장 높았고, 점차 낮아져 학교를 다니지 않은 사람은 3.8%에 그쳤다. 최종학력도 자영업자 수입에 큰 영향을 미친다는 사실을 보여주고 있다.

세계 각국의 GDP규모 순위에서 15위권에 들고 있는 한국 현실은 여전히 은퇴 후 '인생 2막'을 준비하는 50대 자영업자의 녹록치 않은 현실이라는 것을 잘 보여주고 있다.

한국의 50세 이상 자영업자 수는 2007년 289만 명에서 2013년 328만 명으로 증가했다. 이들이 전체 자영업자에서 차지하는 비중 역시 같은 기간 47.1%에서 57.1%로 커졌다. 반면 50세 미만 자영업자는 2007년 324만 명에서 2013년 246만 명으로 줄었다[통계청/ 한국일보, 변태섭기자, 2015.7.31].

한국의 자영업자 소득은 경기변동에 민감하게 변동한다. 가계소득 가운데 사업소득이 차지하는 비중이 크게 떨어지는 사업소득 비중 감소는 자영업자 도산 요인이 크다.

2013년 3분기 전국가구(2인 이상)의 월 평균 소득은 425만9900원이다. 이 중 사업소득은 85만6400원으로 가계소득 중 20.1%에 불과했다. 1분기의 19.9%에 이어 두 번째로 낮다. 사업소득은 올 2분기(86만6400원)보다 1.2% 감소했다[세계일보, 2013.12.27/기획재정부/ 통계청].

사업소득 비중 축소는 자영업자의 몰락과 밀접하게 관련된다. 베이비부머들의 본격적인 은퇴가 시작된 2011년부터 이들이 **도소매업, 숙박업, 요식업 등 저부가가치 영세자영업**에 뛰어들면서 자영업자는 2011년 3분기부터 지난해 4분기까지 6분기 연속 전년 동월 대비 1~3%의 증가율을 이어갔다. **작년 2분기에는 자영업자 수가 583만명으로 치솟았다.**

그러나 과열경쟁으로 수익이 감소하고 월세나 관리비 같은 비용은 늘어 부채가 급증하자 자영업자는 올 들어 3분기 째 전년 동기에 비해 줄고 있다.

정부가 경기부양과 일자리 창출 목적으로 사업성이나 경쟁력을 고려하지 않은 묻지마 창업지원책'을 쏟아내면서 영세자영업의 급증과 몰락을 동시에 초래했다. 정부실패의 표본적인 사례다.

처음부터 전문성 없는 중복되는 창업지원을 하는 것부터가 잘못된 출발이었다고 본다. 반면에 가계소득 중 근로소득이 차지하는 비중은 역대 최고에 도달했다. 근로소득은 286만6500원으로 가계소득의 67.3%에 달했다. 근로소득 비중은 2003년 전국 통계치를 잡은 이래 최고치다. 근로소득 비중 증가도 양질의 일자리에서 창출된 노동소득의 비중 증가라고는 보지 않는다[세계일보, 2013.12.27/기획재정부/ 통계청].

노후대책을 제대로 수립하지 못한 퇴직자가 흔히 창업 1순위로 고려하는 게 치킨전문점이다. 하지만 한국의 치킨 집은 어디를 가도 자영업 공급과잉 상태다[매일경제 분석 결과/ 매일경제, 2015.9.17].

39

소비지출도 줄고 있고 소비성향도 떨어지고 있다.

경기 흐름은 소비와 투자, 수출 수입이 좌우한다. 특히 국민경제의 절대적 및 상대적 비중이 큰 근로가계의 소비규모와 소비성향은 중요한 변수다.

미국, 독일 등의 선진국은 근로가계의 소비지출이 경제성장을 견인하고 경기회복을 주도한다. 그러나 한국 근로가계는 지갑을 닫아 2014년 평균 소비성향(가처분소득에 대한 소비의 비율)이 관련 통계 집계 이후 최저치로 떨어지면서 성장견인력을 떨어뜨리고 있다.

경기가 얼어붙고 미래에 대한 우려가 커지면서 근로가계는 돈을 벌어도 쓰지 않고 있다. 또 가계는 평균적으로 번 돈의 20% 정도를 세금, 연금, 사회보험료를 내는 데 썼다.

한국의 평균 소비성향은 2014년 72.9%로 전년보다 0.4% 포인트 하락했다. 관련 통계를 집계하기 시작한 2003년 이후 최저치다.

평균 소비성향은 전체 소득에서 세금 등 반드시 지출해야 하는 금액을 제외한 가처분소득 중 소비지출의 비중이다. 평균 소비성향의 하락시키는 주원인은 소득만큼 소비가 늘지 않은 이유가 가장 컸다.

2014년 가구당 월평균 소득은 430만2000원으로 전년 대비 3.4% 늘었다. 그러나 월평균 소비지출은 255만1000원으로 2.8% 증가하는 데 그쳤다. 특히 소득 수준이 낮을수록 지갑을 더 닫았다. **소득 수준 하위 0~20%의 평균 소비성향은 104.1%**로 1년 전보다 7.8% 포인트 감소했다. 반면 **상위 0~20%의 평균 소비성향은 61.6%**로 0.4% 포인트 증가했다.

고령화가 급속히 진행되면서 노인들도 지출을 줄이고 있다. 젊은층도 노후를 대비해 씀씀이를 줄이는 추세다. 이런 현상이 고착된다면 자발적인 소비기반이 무너질 것으로 보인다.

반면 세금·연금·사회보험 등이 포함된 비 소비성 지출은 월평균 80만5000원으로 전년보다 3.0% 늘었다. 특히 근로소득세·재산세 등 경상조세 지출이 월평균 13만6000원으로 5.8% 증가했다[세종= 국민일보, 윤성민 기자, 2015.2.14/ 통계청; 연간 가계 동향].

① 전품목에 걸친 소비성향 감소 추세

우리나라의 평균소비성향이 역대 최저 수준으로 떨어진 가운데 가계의 소비가 특정 품목과 관계없이 전방위적으로 줄어들고 있다[현대경제연구원; 평균소비성향 변동의 기여요인 분해와 시사점/ 서울=뉴시스, 이근홍 기자, 2016.5.8].

우리나라의 평균소비성향은 2015년 72.4%다. 이는 전국 1인 이상 가구 통계가 공개되기 시작한 지난 2006년 이후 가장 낮은 수치로 2010년 77.6%와는 5% 이상 떨어졌다.

평균소비성향이 감소한다는 것은 처분가능소득 증가율 보다 소비지출 증가율이 낮다는 것을 의미한다. 가령 지난해 평균소비성향 72%는 가계의 처분가능소득이 100만원 늘어났을 때 추가적인 소비지출은 72만원 수준밖에 되지 않았다는 것을 의미한다. 같은 조건 하에서 2010년에는 77만원을 상회했다.

2011~2015년 사이 평균소비성향을 분석한 결과에 따르면, 이 기간 동안 평균소비성향이 줄어드는데 기여한 품목 수는 63개, 늘어나는데 기여한 품목 수는 34개에 불과했다.

평균소비성향이 줄어드는데 기여한 품목수가 늘어나는데 기여한 품목 수 보다 두 배 가량 많았다는 것은 평균소비성향 하락이 다양한 소비지출 품목들에서 광범위하게 나타나고 있다는 것을 시사한다.

평균소비성향 하락에 크게 기여한 품목으로는 통신서비스(-1.03%p)와 운송기구연료비(-0.79%p), 연료비(-0.65%p) 등 **석유류 관련 품목**, 고등교육(-0.51%p), 학생학원교육(-0.48%p) 등 **교육 관련 품목**이 꼽혔다.

반면 평균소비성향 상승에 기여한 품목으로는 실제주거비(0.61%p) 등 **주거 관련 소비**, 자동차구입(0.53%p), 통신장비(0.52%p) 등 **일부 내**

구재 소비, 단체여행비(0.34%p), 문화서비스(0.16%p) 등 **여가와 관련된 소비**가 이름을 올렸다.

② 소비성향 하락 요인들과 대책

정리하면 평균소비성향을 높이는데 주거비 급증, 정부의 내수 활성화 정책, 가계의 수요변화 등이 기여했지만 학령인구 감소 등 인구구조변화, 석유류, 통신비 등 가격 안정과 소득 향상에 따른 식료품 소비비중 감소 등은 평균소비성향을 낮추는 결과를 가져왔다.

평균소비성향을 높이기 위해서는 필수재 가격 안정으로 늘어난 가계의 소비여력이 내구재, 비내구재, 서비스 등 다양한 부분의 소비로 연결되도록 유도하는 것이다.

가계의 니즈에 걸맞은 국내 관광 인프라를 확충해 해외로 빠져나가는 관광 수요도 국내로 전환시키는 것도 중요하다.

특히 전 · 월세 가격 안정화를 위해 관련 대책의 실효성을 제고할 필요가 있다. 또한 코리아 그랜드 세일 등 대규모 할인행사를 정례화해 최근 억눌려 있는 소비심리를 자극하는 것도 필요하다[서울=뉴시스, 이근홍 기자, 2016.5.8].

40

경제성장이 건강하게 달릴 수 있는 길은?

한 나라의 경제성장이 건강하게 달리고 있는가? 아니면 경제가 비뚤어지게 성장하고 있는가를 살펴보는 일은 고용안정과 삶의 질, 경제성장의 윤리적인 평가, 경제성장의 한계 등을 종합적으로 분석하는 것이다. 여기서는 경제성장에 대해 비판적 관점에서 살펴보고 있다.

① 경제성장과 자본축적

경제성장은 장기적인 관점에서 경제성장의 과정을 분석한다. 경제성장은 이론이나 정책적인 측면에서 국내총생산 GDP의 장기적인 성장과정 중심으로 전개된다. 경제성장 즉 GDP의 성장분석은 명목 GDP와 실질 GDP를 구별한다. 경제성장은 실질GDP의 성장 중심으로 설명한다.

실질 GDP 중심으로 분석하는 이유는 실질 국민총생산이 실물경제의 실체를 잘 설명할 수 있다고 보기 때문이다. 실질 GDP는 실물경제의 활동성과를 잘 반영한다고 보는 것이다. 경제성장은 GDP규모의 외연적 성장을 다룬다. 다시 말해서 경제성장은 양적 성장을 다룬다.

경제성장이론은 1인당 GDP의 장기적인 내연적 성장 중심으로 전개된다. 이와 같은 경제성장이론은 1인당 GDP와 여타 다른 거시변수들과 상호의존 속에서 최적 성장경로를 밝힌다.

1인당 GDP의 지속적인 성장을 끌고 가는 추진 동력은 1인당 실물자본의 축적이다. 자본축적이 경제성장의 중요한 추진 동체인 것이다. 실물자본이 지속적으로 축적되면서 GDP생산이 지속적으로 증가해 가며 경제규모가 확대되는 경로를 밟는다.

1인당 GDP 성장은 실물자본의 지속적 축적과정을 밟아가는 동안 자본축적이 자연인구 증가보다 빠른 속도로 성장하고 있을 때 지속 가능한 성장이 계속 유지될 수 있다. 그 반대의 경제성장 과정을 밟으면 1인당 GDP의 성장이 줄어든다.

국민들의 경제생활수준은 일차적으로 1인당 GDP의 성장이 지속적으로 확대될 때 향상될 수 있다. 국민들의 경제생활 향상은 절대 GDP 규모의 성장과 함께 GDP의 상대적 성장(시간상의 성장률)이 지속적으로 유지될 때 가능한 일이다. 상대적인 성장은 과거와 현재의 상대적 시간상 변화를 관찰하는 개념으로서 경제성장률의 개념이다.

경제가 지속적으로 성장한다고 해서 경제사회가 발전하는 것은 아니다. 경제성장은 복지향상과 함께 동반하는 것은 아니다. 경제성장이

GDP성장과 함께 복지향상이 이루지는 것이 바람직하지만 그러한 경로를 동시에 밟아가고 있는 것은 아니다.

다시 말해서 국내총생산 GDP가 성장하는 과정에서 환경에 부담을 주는 여러 가지 부작용이 발생한다. 경제성장은 이런 부작용을 최소화하면서 최대소비를 가져다주는 완전 고용을 흡수한 경제성장이 가장 바람직한 최적의 성장경로이다.

경제가 재생 가능한 자원의 이용과 함께 최적 복지배분이 이루어지면서 동시에 환경 부담을 최소화하고 한정된 자원을 절약하는 경제성장이 이루어지고 있을 때 지속 가능한 성장이 계속 유지될 수 있다(지속 가능한 성장 원리).

국내총생산 GDP의 양적 성장은 사회 환경 및 자연 환경의 지속적 향상을 동반하지 않는다. 경제성장은 오르지 수요 증대를 통해 유발되는 경제성장과 함께 고용증대를 가져오는 방식에만 초점을 맞추고 그것이 어떠한 성장경로인가를 밝히는 데 관심을 갖는다.

이러한 성장분석은 이론적으로 솔로모형 (Solow-Model; 신고전학파 모형)에 기초한다. 솔로 성장모형은 교과서적인 가장 대표 모형이다. 모형에서 경제성장은 노동과 자본, 기술의 생산요소투입과 투하한 생산요소의 결합에 의해 산출된 생산물의 지속적 성장을 설명 한다.

② 경제정책으로서의 경제성장

경제성장은 국가의 경제정책이 추구하는 여러 목표 중 가장 중요한 최고위의 목표로서 구체적인 목표이다. 일반적인 경제정책은 낮은 실업과 최대 고용, 물가 안정, 대외균형, 안정적 경제성장을 목표로 삼는다.

지속적 안정적 경제성장이란 국가가 장기적 성장추세를 따라 지속적 안정적으로 성장하도록 성장궤도를 유지하면서 동시에 단기적 경기변동의 진폭을 줄이는 정책을 의미한다.

국가는 장기성장 추세를 벗어나 중장기적인 경기 침체로 빠져드는 것을 사전에 막아 호전시키고 호경기 시절에는 재정건전화정책을 통해 과열경기가 급속히 냉각되는 것을 사전에 막기 위해 정책 수단을 동원한다. 이러한 정부정책을 역경기적 경제정책이라고 부른다.

③ 경제성장과 고용안정

경제성장은 고용을 증대시키고 실업률을 줄이기 위한 필요조건이다. 특히 성장문제는 경제성장이 더 이상 고용창출을 유발하지 못하는 고용마지노선과 연관된다.

어떤 경제성장 방식이 새로운 일자리 창출할 수 있는가와 관련된 문제이다. 고용창출을 유발하지 못하는 요인 중 하나로는 노동자 해고를 일으키는 생산 공정의 합리화를 든다.

이러한 실업을 상쇄하기 위해서는 경제는 계속 성장해야 한다. 이와 같은 지속적 성장 논리는 필립스 곡선으로 설명한다. 독일의 경우, 고용 마지노선은 2%대 장기 성장률이었다가 2005년에는 1%대로 떨어졌다. 당시 새 일자리 창출을 가져오지 못한 성장 배경으로는 생산 공정의 자동화, 노동생산성의 지속적 향상, 실질적인 노동시간의 연장에 기인한 것으로 보고 있다.

④ 경제성장과 삶의 질

1인당 국내총생산물은 국민복지 수준을 측정하는 1차적인 지표로 본다. 그 이유는 1인당 국내총생산물은 인간개발지수 Human Development Index (HDI)와 기대수명 및 교육과 깊은 상관관계를 갖고 있다고 보기 때문이다.

다시 말해서 1인당 국내총생산물이 지속적으로 증가하고 높은 수준에 있을 때 인간개발지수와 기대수명 및 교육 등의 복지수준이 꾸준히 높아질 수 있다고 보기 때문이다. 그러나 1인당 국내총생산물의 지속적 증가가 생활수준과 삶의 질을 높이는 중요한 지표이긴 하지만 반드시 향상시키는 것은 아니다.

대표적인 사례가 바로 소득분배 상태를 들 수 있다. 경제가 지속적으로 성장되어도 소득분배가 악화되고 있는 나라를 흔히 볼 수 있다. 이러한 소득 분배의 악화를 가져오면서 경제가 계속 성장하고 있는 나라는 생활수준과 삶의 질이 향상되었다고 말 할 수 없다.

그 밖에도 경제가 꾸준히 성장하고 있음에도 불구하고 여러가지 부작용들이 나타날 수 있다. 예를 들면 의료와 교육을 받을 수 있는 기회, 교육의 질, 환경오염과 피해, 소비비중과 엥겔계수, 범죄, 전염병, 부정부패, 자살 등으로 사회불안이 악화되고 있다면 국민 경제 전체의 사회복지가 향상되었다고 말 할 수 없다.

⑤ 경제목표로서의 경제성장

경제가 성장한다고 말 할 때, 물량적인 경제성장이란 자원을 배분하는 양식에 따라 확대 재생산되는 것을 의미한다. 경제성장이 제일 먼저 필요로 한 것은 사회 안정의 첫째 조건이기 때문이다.

경제성장은 미래세대를 위해 현재 세대가 자원배분을 이용하는 과정이다. 현 세대의 경제성장이 단기간에 지나치게 자원을 이용하게 되면 다음 세대가 쓸 수 있는 부존자원 부족을 유발해 오히려 사회 안정을 해칠 수 있다.

이것은 현재 세대와 미래 세대 간에 심각한 충돌을 유발하고 결국 사회는 생존문제에 직면하게 된다. 따라서 경제성장 정책은 자원의 고갈을 막고 재생 가능한 자원 증대를 위한 성장정책을 추구해 세대 간의 충돌을 막는 데 초점을 맞추어야 한다.

⑥ 경제성장의 윤리적 평가

미국의 경제학자 프리드만 Benjamin M. Friedman은 경제성장이 여러

가지 긍정적 효과를 유발한다는 장점을 강조한다. 특히 개발도상국은 경제성장이 일차적으로 물질적인 생활수준을 향상시킬 뿐만 아니라 한 걸음 더 나아가 사회적 정치적 개혁을 촉진시킬 수 있는 동력을 제공한다고 주장한다.

또한 경제성장은 경제적 이동성, 관용, 정당성, 민주주의의 발전 등을 촉진시킨다고 본다. 예를 들어보면 경제성장이 침체기에 빠져 있을 때에는 부정적인 현상이 두드러지게 나타난다는 것이 바로 성장이 필요하다는 것을 반증한다고 본 것이다. 경기가 침체하면 인종차별 등 사회불안이 나타나는 좋은 사례로 보는 것이다. 경제성장은 사회 불안을 해소하는 데 도움을 준다는 것이다.

경제가 지속적으로 성장하는 시기에는 빈자에 대한 포용력 이 넓어지고 인종적 종교적 편견이 줄어드는 현상이 나타난다는 것이다. 프리드먼은 윤리적인 진보와 물질적인 진보 즉 경제성장은 상호 충돌하지 않는다고 보고 있다.

⑦ 경제성장의 한계

경제성장은 장기적으로 볼 때 언젠가 자원의 고갈을 가져오기 마련이다. 이런 의미에서 보면 경제성장은 무한정으로 지속될 수 없다는 비관론에 빠지게 된다. 경제는 에너지, 원자재 등 자원을 이용할 수 있는 부존수량이 한정돼 있기 때문에 언젠가 어느 시기에 가면 경제성장이 한계에 도달할 수밖에 없다는 것이다.

이러한 주어진 부존자원의 고갈이라는 성장 제약성은 재생 불가능한 에너지와 원자재 등 자원 이용의 제약과 물리적인 이용의 제약이 존재한다는 사실에서 찾고 있다. 경제가 성장의 한계에 도달하게 되면 성장 속도는 점진적으로 떨어지게 되고 그와 상응해 경제발전은 퇴보하기 미련이라는 것이다.

이러한 각도에서 본 성장 비관론자들은 경제는 무한정으로 성장할 수 없다는 비관적인 측면을 본 것이다. 그러나 지속적 성장 낙관론자들은 경제는 새로운 성장 가능성을 계속 발굴할 수 있다고 보는 것이다. 경제는 성장의 한계에 직면하지 않고 지속적으로 성장할 수 있다고 주장한다.

성장의 한계를 극복할 수 있는 길은 여러 가지 방법이 있다. 예를 들면 성장 동력을 담당했던 주력 산업이 공업에서 서비스 및 정보산업으로 전환하는 산업구조조정을 통해 지속 가능한 성장의 한계를 뛰어 넘어 계속 유지할 수 있다는 것이다.

이러한 질적 구조적인 전환을 통해 경제는 지속적으로 성장할 수 있다는 것이다. 그러나 질적 변화를 통한 지속적인 경제성장이 가능하다고 하더라도 이 같은 경제성장을 양적으로 측정하는 문제가 제기된다.

또한 지속적인 경제 성장은 재생 불가능한 자원의 고갈을 대체할 수 있는 신생 자원의 개발과 환경 친화적인 기술진보를 통해 지속가능한 성장을 계속 유지할 수 있다는 것이다. 인간의 독창적인 개발을 통해 대체자원을 개발함으로서 성장의 한계를 극복하면서 경제는 지속적으로 성장해 갈 수 있다고 보는 것이다.

41

경제성장과 생산요소

경제성장에 필요한 요소들은 많다. **경제성장은 생산량(국내총생산 GDP)과 투입되는 생산요소(노동, 실물자본) 간의 관계, 생산요소 투입량 및 생산요소의 질, 저축률, 기술진보 등도 중요한 변수이며 국민들의 단결 의지, 공공정책, 성장전략 등도 중대한 영향을 미친다.**

경제성장은 경제발전과 구별한다. 경제발전은 경제성장보다 더 포괄적인 개념이다. 경제발전(economic development)은 단순히 물량의 확대에 초점을 맞춘 물량성장만을 보지 않는다. 경제발전은 단순히 경제성장에서 본 생산량의 외연적 확대뿐만 아니라 사회구조의 근대화 및 인적 자원의 개발 등 질적 구조적인 변화를 함께 고려하여 본 시각이다.

스웨덴의 경제학자 뮈르달(K. Myrdal)은 경제발전을 사회 전체의 총체적인 상향 운동으로 진행하는 과정으로 보았다. 미국의 경제사학자 로스토우(W. Rostow)는 경제발전과정을 여러 단계로 나누어 역사적으로 고찰한다. 그는 과거 경제발전의 역사적 과정은 단속적인 발전과정을 밟아 왔다고 보고 경제발전의 역사적 진전 과정은 다섯 단계의 발전

단계를 밟는다는 사실을 추출하였다. 경제는 단속적으로 발전해 가는 과정에서 전통사회단계, 도약준비단계, 도약단계, 성숙단계, 대중적 소비단계의 순서를 밟으며 경제발전이 진행된다고 본다.

독일의 경제학자 호프만(W. Hoffman)은 경제의 발전 과정을 공업화 과정으로 이해한다. 공업화과정은 세 단계의 발전과정을 밟는다. 제1단계는 경제발전의 초기 단계에서는 소비재 비중이 압도적으로 지배하고 제2단계는 자본재 비중이 커지고 있는 단계이며 제3단계는 자본재 비중이 소비재 비중과 비슷한 수준이거나 더 큰 단계에 도달한 단계로 진전된다.

미국의 경제학자 클라크(C. Clark)는 경제가 발전할수록 산업구조가 변화하는 것에 주목하여 경제는 발전해 가면서 산업의 중심이 제1차 산업에서 제2차 산업으로, 제2차 산업에서 제3차 산업으로 이행해 간다고 주장한다.

후진국의 경제발전에서는 빈곤국가의 경제발전 전략이 국제사회에서 주목을 받고 있는 주제이다. 후진국의 경제발전 전략에서 넉시(R. Nurkse)의 균형성장이론과 허쉬만(A. Hirschman)의 불균형성장이론은 대표적인 경제발전이론으로 유명하다.

넉시에 의하면 후진국은 소득이 너무 낮아 시장이 협소할 수밖에 없고 이에 따라 구매력이 원천적으로 부족할 수밖에 없어 낮은 생산수준에 처하는 악순환이 후진국의 현실이라고 진단한다. 가난한 후진국은 자력으로는 극복할 수 있는 능력이 없기 때문에 항상 낮은 소득수준에 놓이게 된다는 빈곤의 악순환(vicious circle of poverty)이론을 주장했다.

후진국이 악순환의 저개발 상태를 벗어나는 가장 빠른 길은 경제의 여러 부문이 동시에 균형성장을 하는 것이 가장 합리적인 전략이라고 보았다. 경제의 모든 부문이 골고루 균형 성장하여 상호수요(reciprocal demand)와 보완수요(complementary demand)를 일으킴으로서 산업별 과부족이 생기는 낭비를 제거할 수 있기 때문에 시장수요와 공급능력을 유지할 수 있는 균형성장 전략을 제시하고 있는 것이다. 특히 낮은 생산과 낮은 소득의 악순환을 일으키는 중요한 원인은 낮은 자본축적에 있다고 보고 이러한 악순환의 고리를 끊는 것은 무엇보다도 중요하게 여긴다.

그는 자본축적을 경제발전의 원동력으로 매우 중요시하였다. 후진국이 자본을 축적하는 방법은 자발적인 저축 증대, 잠재 실업인구의 생산인구로의 전환, 외자도입을 들었다. 잠재 실업을 생산적인 인구로 전환시키는 문제와 관련해 미국의 경제학자인 루이스(A. Lewis)의 견해가 주목 받은 바 있다. 그는 후진국의 농촌에 존재하는 잠재 실업 즉 농촌에 존재한 과잉인구를 빠른 공업 성장으로 흡수할 것을 주장하였다. 그는 공업부문이 농업부문에 존재하는 잠재실업의 인력을 저렴한 임금으로 고용하면 공업부문의 이윤이 증대시킬 수 있고 이를 통해 자본을 축적할 수 있다고 주장하였다.

그러나 허쉬만은 후진국은 자본과 기술이 모두 취약하므로 모든 산업을 동시에 성장시키기는 어렵다고 보고 경제발전 전략으로서 전후방효과가 큰 산업을 전략적으로 선택하여 집중적으로 투자하는 것이 경제를 효율적으로 발전시킬 수 있는 전략이라고 주장한다. 그는 전후방연관효과가 큰 전략적 산업발전을 통해 역동적인 경제개발을 추진하는 것이 더 효과적이라고 주장하였다.

전후방연관효과란 전방연관효과(forward linkage effect)와 후방연관효과(backward linkage effect)를 포함한다. 전방연방효과는 서로 다른 A, B, C 산업이 있다고 할 때 A산업의 투자가 A산업의 제품을 사용하는 B산업의 성장과 투자를 유발하는 효과를 말한다. 후방연관효과는 A산업이 C산업의 제품을 투입물로 사용함으로서 A산업에 대한 투자가 C산업의 성장과 투자를 유발하는 효과를 말한다.

경제성장과 경제발전에서 생산성이 결정적으로 중요한 요소이다. 생산성의 결정 요소는 물적 자본과 인적 자본 및 자연자원, 기술지식 사회적 자본이다. 또한 경제적 비경제적 요인들이 모두 생산성을 높이는 쪽으로 작용하지 않으면 삶의 질을 향상시킬 수 없다는 것을 인식할 수 있다. 높은 생산성은 고도 경제성장을 가져와 양질의 높은 생활수준을 결정한다. 따라서 모든 나라는 생산성의 증대를 통해 생활수준을 제고하고자 부단히 노력한다.

생산성을 높이는 성장정책으로는 (1) 저축과 투자의 촉진을 통해 지속적인 경제성장을 유지한다. 현재소비를 줄이고 미래소비 즉 저축의 증대를 통해 자본증대를 가져온다. 자본축적은 생산성을 제고한다. 높은 자본축적을 달성한 나라는 빈약한 자본축적 국가보다 성장 속도가 빠르다는 점을 주목할 필요가 있다. 자본축적 과정에서 투자는 수확체감 현상이 작용한다. 즉 기존의 자본스톡에 추가 자본이 증대되면 추가 자본 증대에서 발생하는 생산량 증가는 감소한다는 이론이 시사 하는 바와 같이 자본축적이 빈약한 후진국은 고도의 자본축적에 도달한 선진국보다 더 높은 경제성장을 유지할 수 있다.

낮은 자본축적 국가는 자본 투입을 통해 높은 자본축적 국가보다 더 빨리 성장할 수 있다. 이것을 추격 효과(catch-up-effect)라고 부른다. 제2차 세계대전 후 독일과 일본의 경제는 기존 자본스톡이 거의 파괴된 상태에서 다시 경제재건을 다시 시작해 1950-60년대 고도성장을 구가했다. 한국도 빈곤 상태에서 출발해 고도성장을 달성할 수 있었던 것은 빈약한 자본축적 상태에서 출발했기 때문에 가능했다. 선진국은 1980년대 고도의 자본축적 상태에 도달한 이후부터는 분명하게 낮은 성장을 보이고 있다. 이것은 수확체감 작용으로 경제성장률이 떨어지고 있는 것이다.

(2) 경제성장은 외자도입을 통해 촉진시킬 수 있다. 외국인 투자는 국내자본 부족을 보충하고 동시에 기술을 도입하는 이중 효과를 발휘한다. 외국인 투자는 외국인 직접투자(foreign direct investment)와 외국인 포트폴리오투자(foreign portfolio investment)가 있다. 외국인 직접투자는 외국인 자금이 국내 생산설비에 직접 투자하는 형태다. 외국인 포트폴리오투자는 외국인 자금이 국내 채권과 주식에 투자하는 형태다. 외국인 투자에서 발생하는 수익은 투자한 본국으로 돌아가므로 총국민생산물(GNP) 보다 총국내생산물(GDP)을 증가시킨다.

(3) 높은 경제성장은 교육 촉진을 통해 유지할 수 있다. 교육은 인적 자본에 대한 투자이다. 교육을 통해 숙련된 노동자는 생산성을 높인다. 교육은 경제적 외부효과가 매우 크다. 교육 받은 지식인의 활동은 다수인에게 경제적 이익을 가져오는 포지티브(+) 외부효과를 발생시킨다. 잘 교육 받고 훈련된 인적자본은 다수의 사람들을 이롭게 하고 창의력을 유발한다는 점에서 외부효과가 크다. 빈곤 국가들은 선진국으로 이동하는 두뇌유출로 인해 경제성장의 애로를 겪고 있다.

(4) 사유재산권(property rights)의 보호와 정치적 안정은 경제성장의 중요한 요소다. 사유재산권 보장은 인적 물적 자원에 대한 통제할 수 있는 권한을 보장한다. 노동과 투자 및 저축, 무역거래 등의 경제행위는 모두 상호 신뢰에 기초한 계약과 정치적 안정을 전제한다. 경제행위의 기초를 이루는 계약을 위태롭게 하는 절도와 불법적인 압수 등이 난무하는 사유재산권 침범, 사적 소유의 불확실성, 정치적 불안정이 지배하면 지속적인 경제성장이 불가능하다.

(5) 자유무역을 지향하는 나라는 높은 경제성장을 실현했다. 유치산업 보호자들은 자국 산업을 보호한다는 명분을 내 세워 내부지향적인 정책(inward-oriented policy)을 추구한다. 그러나 높은 경제성장을 달성한 나라는 대부분 자유무역을 추구한 나라들에게 돌아갔다.

(6) 인구성장(population growth)을 적절히 통제해야 지속적인 경제성장이 가능하다는 것을 과거 역사적 경험이 보여주었다. 급속한 인구증가는 1인당 소득을 줄이고 경제성장을 억제하여 결국 생활수준을 떨어

뜨린다. 교육 받은 인구의 확대는 유아 출생을 줄이는 경향이 있으며 급속한 인구성장을 줄이는 효과를 가져왔다.

(7) **연구 개발(research and development)을 부단히 촉진시켜야 높은 경제성장을 유지할 수 있다. 생활수준의 향상은 대부분 기술지식의 발전에 달려있다. 기술지식은 연구와 개발에서 발생한다. 지식은 다른 사람에게 해를 끼치지 않으면서 모든 사람이 사용할 수 있는 공공재(public goods)기능을 수행한다.** 경제성장과 생활수준을 부단히 높이기 위해 연구 개발은 지속적으로 장려 촉진되어야 한다.

42

아시아 국가들의 경제성장

2013년 한국의 국내총생산(GDP) 성장률이 아시아 주요 10개국 가운데 9위다. 2014년 성장률 전망치도 하위권 수준을 벗어나지 못 할 것이다. 한국이 아시아 신흥국과의 경쟁에서 근원적으로 뒤처질 것이다. 저성장이 굳어지고 있는 한국이 잠재성장률을 높이는 획기적인 대책이 서지 않으면 선진국에 더욱 처지고 신흥국에 밀릴 것으로 전망한다[세종=연합뉴스 유경수 차지연 기자, 2014.1.16].

아시아 주요국 경제지표를 보면 **2013년 실질 경제성장률은 한국 평균 2.8%로 중국(7.7%), 필리핀(7.0%), 인도네시아(5.7%), 인도(4.6%), 말레이시아(4.5%), 싱가포르(3.7%), 홍콩, 태국(이상 3.0%)에 이어 9위다. 한국보다 못한 성장률은 대만(2.0%) 뿐이다.** 한국의 내년 성장률 전망도 사정은 다소 나아지지만 하위권을 탈피하지 못할 것으로 전망됐다. 한국의 2014년 성장률은 3.8%로 중국(7.5%), 필리핀(6.3%), 인도(5.4%), 인도네시아(5.2%), 말레이시아(5.0%), 태국(4.1%)에 이어 싱가포르와 함께 7위다. 뒤를 이어서는 홍콩(3.5%), 대만(3.4%) 등이 있을 뿐이다.

그러나 GDP 대비 경상수지 흑자 전망은 한국이 5.4%로 3위다. 싱가포르가 14.1%, 대만이 10.9%로 한발 앞서 있다. 내년에도 4.2%로 싱가포르(12.9%), 대만(10.2%)을 뒤쫓는다. 작년 성장률이 부진했던 것은 부동산 시장 침체, 가계부채, 수요부진 등으로 내수가 불황이고 좋지 않았던 환율흐름이 결정적인 요인이었다. 선진국 경기회복의 덕을 본 수출도 경기에 큰 힘이 못되고 있다. 한국경제가 점차 세계경제 추세를 쫓아가지 못하는 디커플링(decoupling) 징조가 확실하게 부각되고 있는 것 같다.

한국경제의 가장 큰 문제는 세계경제 추세와 디커플링하고 있다는 점이다. 실제 지표에서도 설비투자 증가율과 건설투자 증가율이 최근 2년, 3년 연속 마이너스를 기록해 경제 활력이 떨어지고 있다.

한국에서는 투자환경이 규제와 노사문제로 악화하면서 기업들이 외국으로 떠나는 반면에 홍콩, 싱가포르 등은 기업하기 좋은 환경으로 끊임없이 변모하면서 성장의 길을 벗어나지 않고 있다. 한국은 아시아의 많은 경쟁 국가들과 환경조성 면에서도 치열하게 경쟁해야 한다. 한국은 투자환경 조성의 국제경쟁에서도 다른 아시아 국가들은 물론 구미 선진국에게도 자꾸 뒤처지고 있는 것으로 보인다.

정부가 올해 성장률 목표를 3.9%로 잡으며 투자 규제를 완화한다고 하지만 2년 연속 마이너스인 설비투자가 갑자기 늘어나기 어렵고 수출도 엔저 영향을 받을 수밖에 없어 상황이 좋지 않다는 것을 인식하고 정책 마련을 하고 있는지 답답한 마음이다. 올해 세계 경제가 전반적으로 회복하겠지만 원화절상, 엔저 효과로 경기회복에 큰 도움이 안 될 것으로 전망되며 정책적으로 내수를 활성화시켜 수출 부문의 불리함을 상쇄하는 노력이 시급하지만 재탕만 일삼는 정부의 정책효과에 대해 회의적이다.

지난 경제사를 보면 한국은 대만, 홍콩, 싱가포르 등과 함께 한 발짝 일찍 산업화에 성공하는 동안 수십 년간 경쟁 대상자가 없었다. 1967-75년 기간의 연평균 GNP성장률은 각각 7.8%, 12.6%, 15.0%, 7.9%, 9.2%, 7.0%, 16.5%, 8.6%, 9.7%이었다[자료: 한국은행].

중국의 1인당 GDP는 한국이 이미 달성한 수준에 도달하려면 향후 20년 동안 연간 7.5~8% 수준으로 꾸준히 상승해야 할 것으로 예측한다. 최근 브릭스(BRICs ; 브라질 러시아 인도 중국)를 비롯해 동남아, 남미, 동유럽의 신흥 시장국가들이 전 방위적으로 경쟁력을 키워가고 있다.

한국의 중장기 경제성장 전망치는 2012년 4.2%, 2013년 4.2%, 2014년 4.0%, 2015년 4.0%, 2016년 4.1%로, 세계 평균 성장률 4.5%, 4.5%, 4.6%, 4.7%, 4.7%와 비교해 연도별로 최소 0.3%포인트에서 최대 0.7%포인트 낮아진다.

한국의 실질GDP성장률

2002－2009년	2002	2003	2004	2005	2006	2007	2008	2009	2010	2011	2012
4.8%	7.1%	2.8%	4.6%	4.0%	5.2%	5.1%	2.3%	0.2%	6.2%	4.5%	4.7%

자료; UN

그 어느 시기보다도 우리와 경쟁하는 상대 국가들과 기업들이 과거와 비교할 수 없을 만큼 많아졌다. 이런 국내외 환경 속에서 자칫 방향을 잘못 잡으면 1류 국가 대열에 끼어보지도 못하고 다시 2~3류 국가로 추락할 위기에 처하거나 장기 정체상태에 빠질 위험에 있다. 그래서 샌드위치 또는 넛크래커 라는 말이 나온다.

국내총생산 규모의 순위는 중국을 제외하면 미국, 일본, 독일, 프랑스, 영국 등 대형 선진국들이 독차지하고 있다. 한국은 2013년 현재 15위권에 들어 있다. 한국의 경제 규모는 16년 뒤에는 프랑스, 러시아, 캐나다를 제치고 세계 8위에 오를 것으로 전망한다. 한국은 꾸준한 경제 성장세를 통해 경제규모 순위를 **2014년 14위에서 2030년에는 8위까지 끌어올릴 것으로 내다보고 있다.**

한국의 국내총생산(GDP) 순위는 2019년에는 호주와 스페인을 제치고 12위에 오르고, 2024년에는 캐나다, 이탈리아까지 추월해 10위권에 재진입할 것으로 예상하고 있다. 한국이 2009년 이후 나타난 성장 정체에서 탈피해 16년 뒤에는 세계 경제 강국으로 확실히 자리매김할 것으로 보인다.

같은 기간 영국이 독일을 추월해 유럽의 최대 경제 강국으로 도약할 것으로 내다본다. 2030년 영국과 독일의 GDP 순위는 각각 6위와 7위로 예상됐다. 생산성 향상으로 경제 규모가 팽창하는 영국과 달리 독일은 지속적인 인구 감소와 유로화 약세로 경제가 후퇴할 것으로 진단됐다.

신흥국의 성장속도는 더욱 빨라져 인도는 2019년에 세계 5위 경제대국으로 부상해 영국을 제치고 영국연방 최대 경제국이 될 것으로 전망됐다. 또 중국이 미국을 추월해 세계 최대 경제대국이 되는 시기가 기존 예상보다 3년 빠른 2025년이 될 것으로 내다보고 있다[런던=연합뉴스 김태한 특파원, 2014.12.26/ 영국의 싱크탱크 경제경영연구센터(CEBR); 세계경제전망 보고서].

1960년대 우리나라 국내 총투자율(최저 11%~ 최고 27%)은 당시 전쟁에 시달렸던 월남(최저 8%~ 최고 15%)을 제외하면 일본(최저 33%~ 최고 39%)에 크게 뒤 떨어진 수준이었지만 파키스탄(최저 13%~최고 39%), 타이(최저 16%~ 최고 29%), 필리핀(최저 14%~ 최고 23%), 자유중국(최저 17%~ 최고 25%) 등 아시아 국가들과 비슷한 수준이었다[한국은행, 주요 통계의 국제비교, 1971년 12월].

반면 우리나라 국내 저축률은 파키스탄(최저 8.9%~최고 13.2%)과 비슷한 수준이었지만 타이(최저17.8%~최고 24.7), 말레이아(최저 18.1~ 최고 24.3%), 자유중국(최저 12.0%~ 최고 22.7%) 보다는 크게 낮았다. 당시 전쟁에 시달렸던 월남은 여러 해 마이너스(-) 저축률을 보였다[한국은행, 주요 통계의 국제비교, 1971년 12월, P.11].

경제협력개발기구(OECD)가 2015년 한국 경제 성장률을 3.8%, 2016년은 4.1%로 예상했다. OECD의 내년 성장률 전망치인 3.8%는 한국 정부(4.0%)와 한국은행(3.9%)의 전망보다 조금 낮은 수준이다[파리=연합뉴스 박성진 특파원, 2014.11.06].

OECD는 또 세계경제가 올해 3.3% 성장하고서 내년 3.7%, 2016년 3.9%로 성장세가 빨라질 것으로 예상했다. 세계 최대 경제 대국인 미국은 올해 2.2% 성장에 그치겠으나 내년(3.1%)과 2016년(3.0%) 모두 성장률이 3.0%를 넘을 것으로 전망했다. 중국은 올해 7.3%에서 내년 7.1%, 2016년 6.9%로 성장률이 지속적으로 낮아질 것으로 내다봤다.

유로 존(유로화 사용 18개국)은 올해 0.8%, 내년 1.1%, 2016년 1.7%를 기록해 경기 회복이 더딜 것으로 예상했다. OECD는 유럽중앙은행(ECB)이 세계 경제 성장의 걸림돌이 되는 유로존의 경기 부양을 위해 양적완화 정책을 시행할 것을 권고했다.

한국, 1954-1962년 연평균 경제성장률(%)

1954년	5.6	1955년	4.5	1956년	-1.3	1957년	7.6
1958년	5.5	1959년	3.9	1960년	1.2	1961년	5.9
1962년	2.1						

자료: 실질GDP증가율은 70년 이전 75년 기준, 한국은행, 재정포럼,1996.9, 중앙일보 2003.5.3 매일경제신문 2005. 8.29

주요 선진국의 실질국내총생산 연 평균 성장률(%)

	1950-60년	1960-1970년	1970-1977년
미국	3.3	4.3	2.8
서독	7.9	4.4	2.4
영국	2.8	2.9	1.8
일본	9.1	10.5	5.3
한국	5.5(1954-57년)	4.1(1958-61년)	

43

한국의 100년 성장과정과 미래 성장 전망

한국의 경제성장은 1890년대 일본의 제국주의에 침략으로 자생적 성장과정을 밟을 수 있는 기회를 잃었다. 일본은 당시 제국주의와 군국주의의 물결을 타고 조선에 진입해 1910년 합병 이전부터 화폐정리사업과 특수금융기관 설립을 완료하였다.

도로, 항만, 철도 등 사회기반시설을 구축했으며 농지개량과 수출장려 정책을 적극 실시하였다. 일본은 마침내 1910년 자국의 본토 경제에 공식 편입하였다. 그 이후 조선경제는 1945년 해방 때까지 일본경제의 종속체제로 운영되었다.

조선경제는 1914-15년 첫 불황으로 성장의 침제를 겪었지만 제1차 세계대전을 통해 일본경제는 연평균 5-6%의 고도성장을 달성할 수 있었다. 일본경제는 지속적인 경제성장과 함께 공업화와 도시화가 급속히 진행되면서 조선으로부터 면화, 쌀, 대두 등의 농산물 수입이 크게 늘었다. 조선경제도 일본의 번영 덕택으로 일본수출에 힘입어 1911-20년 사이 연평균 8.7%의 고도성장을 달성했다.

조선경제의 성장 동력은 대일 수출이 담당하였던 것이다. 조선의 실물경제가 성장 확대되면서 조선 금융도 호황에 힘입어 크게 발달했다. 그러나 1920년 이후 조선경제는 일본경제의 급속한 냉각과 반복된 공황으로 심대한 충격을 받았다.

일본경제는 1923년 지진 공황, 1927년 금융공황, 1929년 세계 대공황을 겪으면서 일본에 의존하고 있었던 조선경제도 1920-30년 사이 연평균 2,2%로 성장세가 뚝 떨어졌다.

조선경제의 위기를 극복하기 위해 농공병진정책이 추진되었다. 1931년 만주 침략이 수행되면서 조선경제는 다시 활기를 띄었다. 조선경제는 1930-38년 기간 동안 연평균 3.8%, 수출은 연평균 12,3% 성장할 수 있었다.

1937년 중일전쟁으로 조선의 공업화는 가속화되었다. 군수산업 중심으로 편성된 중공업이 크게 발달하였다. 공업화는 일본재벌이 주도했다. 모든 경제정책은 전쟁 지원에 맞추어졌다[윤석범 외 공저, 1996, PP.127-130].

일제 식민지 시절 한국경제 구조는 중화학공업이 80% 이상(1940년 기준)이 북쪽지역에 편재돼 있었다. 남한에 있는 수력과 지하자원의 부존은 빈약했다. 농지는 하늘에 의존했고 수로도 자연적인 모습이었다.

1945년 해방과 함께 조선은 일본으로부터 정치와 경제 등 모든 분야가 독립됐다. 그러나 **남한경제는 일본경제와 거래가 일시에 완전히 단절된 상황에 처했다. 한국경제는 모든 해외경제와의 거래관계가 차단된 폐쇄경제로 고립된 것이다.**

여기에 해방 이후 한국동란(1950-1953)이 끝날 때까지 한국사회는 정치 사회적으로 매우 혼란스러웠고 빈곤한 상태에 빠져 들었다. 1945-1953년 기간 한국경제는 사실상 경제성장에 매진할 수 없었던 방치된 것이나 다름없었다. 한국은 최대 빈곤 국가 중의 하나에 속한 후진국으로 분류됐다.

한국경제는 빈약한 생산시설과 크게 파손된 사회간접 자본 등으로 자본축적 수준은 거의 빈사상태였다. 1953년 휴전과 1960년대 초반 사이 한국은 절대빈곤의 추방과 최저 생계유지의 복원이 가장 시급히 해결해야 하는 과제였다. 파손된 생산시설과 기간시설 등 전후 복구에 온 힘을 쏟아야 했다. 절대적 빈곤과 싸웠다. 한국경제는 미국 원조와 하늘에 의존하는 농업국을 면치 못했다.

해방과 함께 대외경제와 단절된 남한지역은 일제가 남겨 놓은 방적, 식품생산시설, 기계설비 등은 모두 경공업제품을 생산할 수 있는 수준에 불과하였다. 경공업 공장마저도 일본 공업에 공급하는 조달창구 용 기초자재 생산이 대부분이었다. **공장의 기계를 운영하는 것도 문제였다.**

남북지역 간의 시장 단절과 80-90%이상 차지했던 일본 기술자와 자

본가의 조선 철수는 남한경제에 심대한 충격을 주었다. 북쪽 지역에 주로 있는 주요 광물과 동력자원의 상실은 공업생산에 결정적인 타격을 주었다. 해방 후 1948년 공장 수는 전쟁 절정기인 1941년에 비해 40%, 종업 수는 29%로 격감되었다. 생산 공장의 가동이 불가능할 정도였다. 따라서 공업생산은 83%나 줄어들었다.

해방 후 미군정 3년(1945-48년) 동안 혼란스런 정치와 사회불안 및 경제 불안이 지배하면서 산업 활동에 대한 경제적 조처들이 뒷전으로 밀리고 공업생산은 크게 위축될 수밖에 없었다. **미국에 의해 접수된 귀속기업은 대부분 가동이 불가능한 상태로 방치되었다.**

식량생산도 매우 부진했다. 해외와 북한으로부터 들어온 대량인구 유입은 식량부족을 더욱 악화시켰다. 인구 유입에 의한 폭발적인 인구증가는 소비수요를 급증시켰다. 소비수요의 급증은 국내생산에 의해 메우기보다는 주로 수입 외제품이 보충하였다. 국내생산 부족을 메우는 외국 제품의 범람은 국내산업의 자생적인 성장 능력을 잠식했다.

정부의 경제안정화정책이 1949년 발동되었지만 1950년 한국동란으로 빛도 보지 못한 체 중단되었다. 한국전쟁은 해방 직후 경제 재건에 치명타를 가했다. 전쟁기간 동안 영남공업지대의 일부분이 피해를 모면했지만 대부분의 공업지대는 완전히 파괴되었다.

1950년 산업생산은 전쟁 전(1949년) 섬유공업의 60%, 고무공업의 83%, 제지공업의 30.6%, 화학공업의 22.6%, 요업의 30.2%, 금속공업의

44%, 기계공업의 40%, 전기기기공업의 66.4%로 격감했다. 해방 후 취약한 시설을 보유했던 기간공업도 전부 붕괴되었다.

1953년 7월 전쟁 종결 이후 남한경제는 서서히 회복되기 시작했다. 1953년 1인당 국민소득(GNP)이 67달러(2400원: 달러 당 35원 환산), 1960년 79달러(9900원: 달러 당 125원 환산)수준이었다. 한국경제는 빈곤한 후진국이었다.

전쟁이 종결된 1954년부터 1961년 기간 동안 한국경제는 전후복구와 기초생활 여건을 마련하는데 여념이 없는 기간이었다. 경제복구와 함께 늘어난 폭발적인 대중 수요에 힘입어 면방공업은 전쟁 이전의 수준으로 회복되었다.

미국 등 외국원조에 의해 비료와 시멘트 공장이 건설되었고 여타 다른 공업도 개수(改修) 또는 보수되었다. 공장은 대부분 제분, 제당, 면방 등 소비재산업 중심으로 발전되었다. 이러한 발전 양상은 산업간 불균형 발전의 단초가 되었다.

이런 성장추세는 정부의 불균형 성장전략도 한 요인으로 작용했다. 1958년 일부 소비재 산업은 무능력한 산업정책으로 과잉생산시설이 나타났고 가동률도 크게 떨어졌다. 전체 공업에서 생산재 공업이 차지하는 비중은 1953년 14.7%, 1957년 13.5%, 1961년 16.5%에 불과했다.

세계경제와 단절된 한국경제는 유일한 미국과의 거래 창구를 통해

1954-57년 동안 미국원조의 덕분으로 연평균 5.5% 성장할 수 있었다. 1958-61년 기간 원조 감소로 성장이 4.1%로 떨어졌다. 1960년 1.2%, 1962년 2.1%로 저조한 성장이 계속되었다.

소비재 중심의 해외원조는 소비재 산업만 비대하게 키우고 생산재 산업은 허약하였다. 이러한 불균형 산업구조는 한국경제의 불균형 구조를 고착시키는 방향으로 자리 잡았다.

남한 지역의 산업 및 지역별 균형발전은 애초부터 기대하기 힘들었다. 부정부패의 만연과 정치 불안이 경제사회를 지배하였다. 이런 사회 분위기 속에서 기업들은 정상적인 기업운영을 추구하기 보다는 정치권력과 결탁하는 파행적인 경영이 난무하였다. 이때부터 사회적 병폐들은 한국의 고질병으로 뿌리 깊이 박기 시작했다. 사회적 자본은 형성될 수 없었다.

정치적 경제적 혼란기를 틈타 1961년 집권에 성공한 박정희 군부의 경제개발계획은 1962년부터 본격적으로 공업 우선의 불균형 성장정책을 추구하였다. 박정희 집권 이후 경제성장은 지난 저성장(1945-1961년 연평균 3.4%)굴레를 벗어날 수 있었다.

1962년부터 1980년대까지 연평균 9%의 고도성장을 달성한 것이다. 수출은 34%대 수준을 유지하였다. 1인당 GNP는 1962년 82달러에서 2000년에는 1만 달러를 넘어서 이제 2만 달러를 넘고 있다.

한국경제는 장기 고성장 덕분으로 1인당 국민소득은 1963년 87달러(13.000원)에서 1978년에는 1천 달러(65.000원)를 넘어섰고 32년이 지난 1995년에는 1만 달러에 도달하였다. 그러나 지난 65년 동안 급속한 경제성장만을 추구해온 결과 많은 부작용을 낳았다.

1997년 12월에는 최대의 외환위기를 맞았다. 원화가치가 급격하게 하락함으로서 1인당 국민소득은 1만 달러 이하로 줄어드는 규모축소를 경험하였다. 한국경제의 규모 면에서 국민소득만 가지고 선진국과 비교해도 여전히 선진국에 크게 뒤떨어져 있다.

주요 선진국이 달성한 소득 1만 달러와 2만 달러의 연도를 보면 스위스 78년/87년, 미국 78년/88년, 독일 78년/90년, 프랑스 79년/90년, 영국 86년/-, 싱가포르 89년/93년, 이탈리아 86년/91년, 캐나다 80년/89년, 스웨덴 78년/88년 이었지만 한국은 01년/07년이다[세계은행 / 매일경제, 2003.5.8.].

한국의 1인당 국민소득은 사우디아라비아, 슬로베니아 정도 수준이다. 한국은 홍콩, 싱가포르의 절반에도 미치지 못한 수준이다. 국민소득 기준으로 볼 때 한국은 최소한 20년 이상 선진국에 떨어진 것으로 추정한다. 한국경제는 과거 30년간의 고도성장을 기대하기 어려우며 앞으로 크게 떨어질 것으로 예측하고 있다.

한국의 경제성장률은 1972년 4.8%와 1980년 -2.7%를 제외하고는 최저 5.8%에서 최고 13.8%의 고도성장을 유지하였다. 기간 별 연평균 성장률을 보면 1970년대 : 8.6%, 1980년대 : 7.6%, 1990년대 : 6.1%,

2001-2004년 : 4.8%, 2004-2010년 : 연 4.0% 성장했다.

장기간 달려온 높은 성장으로 한국경제는 농업국가에서 공업국가로 완전히 탈바꿈하였다. 경제규모는 선진국의 문턱에 들어섰다고 말한다. 그러나 짧지 않은 기간 동안 급속한 공업화 과정에서 선진부문과 전통부문이 극명하게 공존하는 이중구조가 고착되었다. 도시와 농촌의 현격한 차이, 내륙과 도서지방의 현저한 차이, 공업과 농업의 극심한 불균형, 수출산업과 내수산업의 심대한 격차, 지방과 도시경제의 현격한 차이, 대기업과 중소기업의 경제력 차이, 소수 기업에의 경제력 집중, 소수 재벌집단의 한국경제 지배, 빈부격차의 극심한 격차, 취약한 내수기반과 소수 대기업에 의존한 수출 의존 경제, 재벌집단의 무한 자본축적과 후진적인 지배구조, 허술한 사회복지그물망과 빈곤계층의 확대, 빠른 고령화와 국민경제의 조기 노령화, 높은 청년 실업과 농촌의 유령화와 황폐화, 환경을 무시한 무한질주의 아파트단지의 건설 등 경제 전반에서 극심한 불균형이 심화 확대되는 부작용이 여전히 되풀이 되고 있는 것이다.

한국경제의 기초체질은 장기성장추세에서 볼 수 있는 것처럼 계속 저하되고 있다. 한국경제의 조로화 현상은 시간이 갈수록 자생적인 성장 복원력의 약화에서 잘 나타나고 있다. 불황에서 벗어나는 힘이 크게 약화되고 있다.

1970년 이후 외환위기까지 6번의 경기순환 과정에서 경기확장 기간은 34개월, 경기수축 기간은 19개월이었다. 확장 기간이 수축 기간보다

1.8배나 길었다. 외환위기 이후 경기확장 기간은 24개월(98년 8월-2003년 7월)인 반면 수축기간은 58개월이나 증대되었다[현대경제연구원].

호황기가 짧아지고 불황기가 길어졌다. 경기변동성도 크게 늘었다. 경제성장률이 8.5%에서 2001년에는 3.8%로 뚝 떨어졌다가 2002년에는 7%로 높아졌다. 그 후 2003년 3.1%, 2004년 4.6%, 2005년 3.8% 등 다시 하락국면에 들어섰다[매일경제, 2005. 8. 29].

2000년대 들어서면서 한국은 국내외 경제 환경이 격심한 경쟁 속에서 선진국을 따라 잡아야 할 상황이다. 그러나 한국경제가 선진국수준에 진입하는 것은 아직도 갈 길이 멀다. 1인당 국민소득수준의 확대 모습에서 볼 수 있는 것처럼 선진국을 따라잡기 위해서는 경제의 모든 분야에서 질적인 향상에 초점을 맞춘 고도 경제성장을 지속적으로 유지되어야만 가능하다는 것을 알 수 있다. 지속 가능한 한국경제 발전을 가로막는 장애 요인은 앞서 여러 원인들을 언급했지만 가장 긴급한 현안의 문제들을 지적하면 다음과 같다.

첫째, 기업에 공급해 주는 역할을 담당하는 은행자금이 생산적인 기업으로 자금이 흘러가지 못하고 있는 상황이 다. 금융 중개기관의 매개적인 기능이 왜곡되면서 자원배분 기능이 실패한 것이다.

둘째, 인구 고령화와 노동자들의 노동의욕 저하로 일한 사람이 줄어들고 있다. 생산가능인구증가율은 80년대 2%에서 90년대에는 1%로, 2000년 이후에는 0.4%로 줄어들었다. 일할 여건에 있는 사람 중 실제

일을 하는 비율인 경제활동참가율도 97년 62.5%에서 2004년 62%로 낮아졌다.

셋째, 중국, 인도 등 후발국의 약진도 한국 경제의 성장잠재력을 훼손하고 있다. 90년대 이후 글로벌 경쟁이 심화되면서 일반기술 제품분야 수출시장이 중국에 크게 잠식되고 있다. 이루 기술이 선진국 수준에 미치지 못한 상태에서 저임금을 무기로 한 중국 진출이 특별한 해결책 없이 당하고 있는 처지이다.

넷째, 산업구조의 기형화도 중요한 요인이 되고 있다. 산업구조가 정부개입의 실패로 크게 왜곡되면서 산업 전반의 연결고리가 비생적으로 구조화되었다. 완성품 생산이 하나 늘어나면 이곳에 투입되는 부품산업의 생산도 늘려가는 산업간 연관효과가 2000년 이후 크게 낮아졌다.

이것은 소재산업의 미발달로 산업연과효과가 90년대에 비해 크게 악화되었음을 의미한다. IT 중심의 수출호조는 국내생산 및 고용효과가 미약한 것으로 나타났다.

다섯째, 외환위기 이후 소득분배의 악화로 저소득층이 확대되면서 소비가 위축되고 교육 불균형의 심화를 통해 인적자본투자가 활발하게 이루어지지 않아 경제 불안을 증폭시키고 있다. 사교육비의 폭발적인 부담 증가와 교육 부실은 소비가계의 지출 여력 제약하고 창의적인 개발정신을 죽임으로서 경제성장의 애로 요인으로 나타난 것이다.

여섯째, 경제 환경은 빠른 속도로 변하고 있지만 당국의 관리부족과 정책 일관성 부족이 한국경제의 경쟁력을 추락시키고 있다. 정부대응력, 정책 효율성, 제도적 안정성 등 질적 측면의 경쟁력이 크게 뒤지는 요인은 성장잠재력을 훼손시키고 있다.

특히 2000년대 들어서 한국의 경제성장 감속현상은 2010년 전후로 두드러지게 나타나고 있다. 이명박 정부 때의 성장 감속은 박근혜 정부 때에도 계속 이어질 가능성이 매우 높다. **박근혜 정부(2013-1017년)때도 연평균 4%대 성장속도로 달릴 것으로 보인다.**

2012년 우리나라의 경제성장률은 2년 연속 세계경제 성장률보다 낮은 것으로 잠정 집계됐다. 이러한 결과는 그 격차가 외환위기 때인 1998년 이후 가장 크게 벌어질 것으로 전망됐다.

연도별 국내 및 세계 경제성장률을 보면, 작년 우리나라 국내총생산(GDP) 증가율 전망치는 2.1%(기재부 추정)로 IMF가 전망한 세계경제 성장률 3.3%보다 1.2%포인트 낮았다. 이는 GDP 증가율이 -5.7%로 세계경제 성장률(2.6%)보다 무려 8.3%포인트 낮았던 1998년 외환위기 이후 14년 만에 가장 큰 격차다.

작년 GDP 성장률은 절대 수치로도 글로벌 금융위기 때였던 2009년(0.3%)을 제외하면 외환위기 때 이후 가장 낮다. 한국 GDP 성장률은 올해도 3.0%으로 전망돼 IMF가 내놓은 세계경제 성장률 전망치(3.6%)보다 0.6% 낮다[서울=연합뉴스, 권혁창 박초롱 기자, 2013.1.9./기획재정부, 국제통화기금(IMF), 한국은행].

• 김대중 - 노무현 - 이명박 정부시대의 경제성장

외환위기가 극복된 뒤 노무현 정부(2003~2007)와 이명박 정부(2008~2012) 10년 동안 한국 GDP 증가율이 세계경제 성장률보다 높았던 것은 2009년과 2010년 단 두 차례뿐이다. 이로서 우리 경제는 완전한 저성장 기조에 진입한 것으로 진단한다.

과거 정권별로 각 5년간 우리나라의 GDP 증가율과 세계경제 성장률의 평균치를 비교해보면 김영삼 정부(1993~1997) 때 GDP 성장률은 7.4%, 세계경제 성장률은 3.3%로 한국 경제가 4.1%포인트 더 높은 성장률을 기록했다.

이후 김대중 정부(1998~2002) 때는 세계 경제가 매년 평균 3.2% 성장하는 동안 우리나라는 평균 5.0%의 성장률을 보였고, 노무현 정부 때는 처음으로 평균 한국 성장률(4.3%)이 세계경제 성장률(4.8%)보다 낮았다.

이명박 정부 들어서도 글로벌 금융위기 등으로 낮은 성장성을 벗어나지 못했는데, 5년간 평균 2.9% 성장으로 세계경제 성장률과 같은 수준일 것으로 전망됐다. 다수 전문기관들은 우리나라 경제가 본격적인 저성장 시대에 진입했다고 보며 앞으로도 4% 이상 성장률을 올리기는 어려울 것으로 전망한다.

환율 변화에 따른 무역 손익이 반영된 1인당 국민총소득(GNI) 성장률을 역대 정권별로 보면 김영삼 정부 때는 평균 8.78% 성장했으며, 김대중 정부 3.66%, 노무현 정부 12.28%에 이어 이명박 정부 때(2011년까지 4년간)는 평균 1.78% 증가한 것으로 나타났다. 이명박 정부 때 GNI 성장률이 낮은 것은 출범 후 지속된 원화 약세와 경제성장률 둔화가 복합적으로 작용한 결과이다.

저자약력

저자 양 종 기(梁 鍾 基)

- 연세대학교 경제학과, 학사
- 독일 자유 베를린 대학교 Diplom-Volkswirt
- 독일 자유 베를린 대학교 경제학 박사
- 서경대학교(구 국제대학) 전임교수
- 현재 E&I Center 대표

❒ 저서와 주요 논문 및 연구보고서

- Die Crowding-Out Problematik im Rahmen der Kurz-und Langfristigen Analyse, Peter Lang, 1987 (magna cum laude; 최우수 박사 논문).
- 위기가 기회다, 공저, 다산출판사, 1998년
- 기관투자가의 자산운용(공저), 국민연금연구센터, 1998년
- 한국의 자본시장과 경제발전(공저), FESKOR SYPOSIUM, 1988년
- 경제의 이해, 원출판사, 2007년
- 거시경제학, 원출판사, 2008년
- 화폐금융 국제금융, 원출판사, 2009년
- 시장경제와 경제이론, 원출판사, 2009년
- 알기 쉬운 투자론, 신론사, 2010년
- 경기 안정화와 재정지출 및 통화정책, 경상논총, 1987년
- 한국의 자본시장과 경제발전, 경상논총, 1988년
- 환율결정과 그의 변동, 투자금융, 1989년
- 토빈의 Q이론과 통화 및 공채 발행의 국민 경제적 파급 효과, 투자금융, 1989년
- 독일 지방재정과 지방의회에 대한 연구, 지원연구논문, 1992년
- 독일 연방과 주 및 게마인데(Gemeinde)의 공채관리에 관한 연구, 지원연구논문 1992년
- 스위스, 독일, 영국의 금융제도에 대한 비교 연구, 지원연구논문, 1995년
- 기관투자가의 자산운용, 지원연구 보고서, 1998년
- 독일 연방과 주 및 게마인데(Gemeinde)의 공채관리에 관한 연구, 연구보고서, 1992년
- 공채발행을 통한 재정금융정책의 효과에 대한 고찰, 한국산업 연구, 1992년
- 미국 단기금융시장에 관한 소고, 투자금융, 1994년
- 多資産市場, 實物市場, 財政政策, 서경대학교논문집, 1994년
- 스위스, 독일, 영국의 금융제도에 대한 비교 연구, 지역연구, 1996년
- 공채발행의 국민 경제적 파급 효과, 서경대학교논문집, 1996년
- 유럽의 자산관리업과 은행 진출의 동향, 금융, 2002년
- 유럽금융의 구조적 특성과 은행대출경로, 산업경영연구, 2002년
- 최근 미국 은행산업의 변화와 추이, 금융, 2003년
- 재정정책이 경제성장에 미친 이론적인 고찰, 사회과학논문집, 2007년
- 한국경제는 정상적인 시장경제인가?, 2013년
- 국민행복시대는 열릴 것인가?, 도서출판 ONE, 2013년
- 달러와 한국경제, 도서출판 ONE, 2013년
- 한국의 부동산경제, 도서출판 ONE, 2013년
- 한국경제와 한국주식 투자, 도서출판 ONE, 2014년
- 세계경제 속 한미경제, 도서출판 ONE, 2014년
- 한국경제와 생활환경, 도서출판 ONE, 2015년
- 무책임한 정부, 불확실한 미래, 도서출판 ONE, 2015년
- 한국 금융시장 및 금융기관의 불안정성과 비효율성, 도서출판 ONE, 2016년
- 불안한 금융경제, 비효율의 한국금융, 도서출판 ONE, 2016년
- 트럼프 대통령의 미국 우선주의가 세계경제를 흔들고 있다, 도서출판 ONE, 2017년

❒ 연락처

E-mail : yangchonki@naver.com
http://cafe.naver.com/enicenter/since 2008. 10. 19

한국경제성장은 어디로 흘러가고 있는가?

초판 인쇄 • 2018년 2월 6일
초판 발행 • 2018년 2월 12일
저 자 • 양 종 기
발 행 인 • 정 성 열
발 행 처 • 도서출판 ONE
주 소 • 서울특별시 영등포구 선유로3길 10
등 록 • 제313-2003-427호
전 화 • 02-323-8536
팩 스 • 02-323-8531

저자와의
협의하에
인지생략

ISBN 978-89-6481-368-3

정가 15,000원

- http://one-book.co.kr